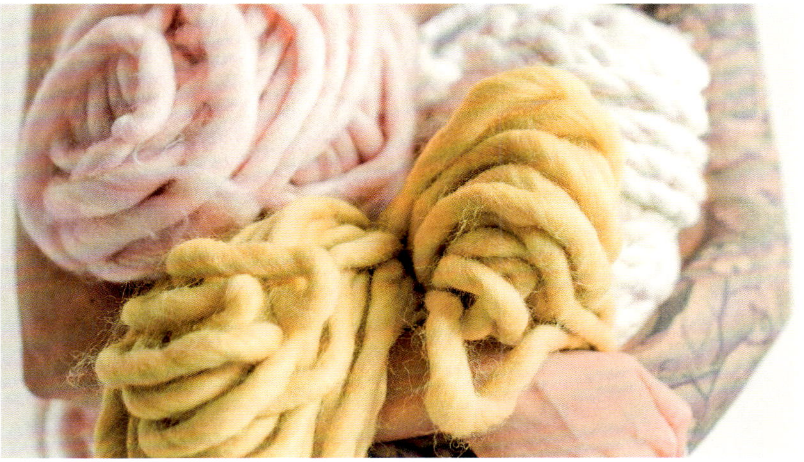

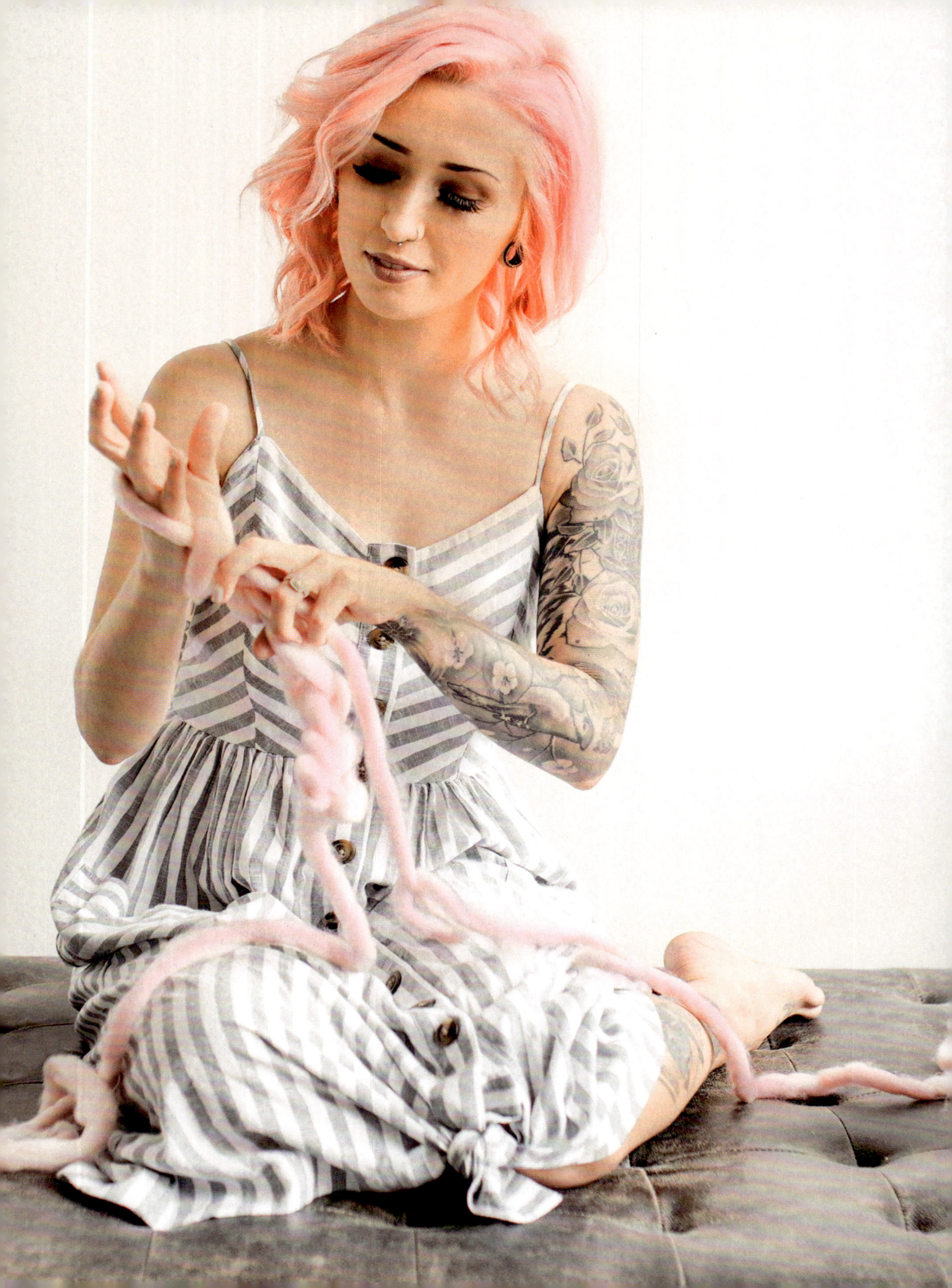

Jessica Carey

HÄKEL *Dich* LOCKER!

20 meditative und kreative Projekte für mehr **Achtsamkeit**

CV

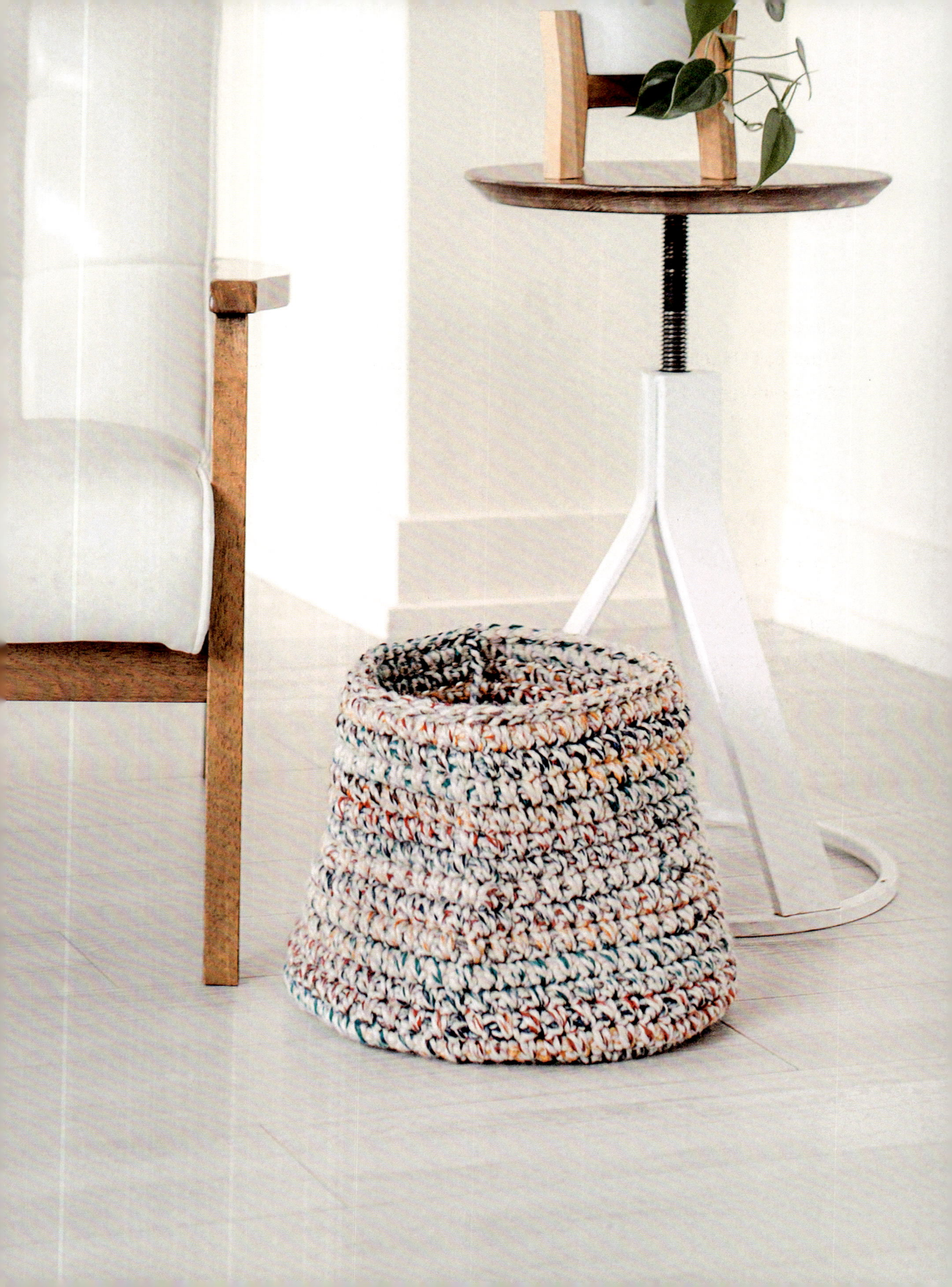

INHALT

EINLEITUNG

Bevor wir beginnen, bitte erst mal tief durchschnaufen. Unser Alltag ist schließlich stressig genug. Ob kochen, putzen, Kindergeburtstage organisieren oder von Meeting zu Meeting hetzen, ständig stehen wir unter Strom. Stille Momente, in denen wir einfach nur sein können - ohne soziale Medien, ohne E-Mails, ohne Kinder, die quengelnd nach einem Snack verlangen, nur wir selbst, nichts weiter – sind Mangelware.

Ich persönlich finde meine Ich-Momente, wenn ich Musik anstelle, mir ein Glas Cabernet Sauvignon einschenke und zur Nadel greife. Während ich Masche für Masche arbeite, verliere ich mich in Gedanken und nutze die Zeit, um über Verschiedenes nachzudenken. Ich spiele Lösungsansätze für Probleme durch, suche nach Auswegen aus verfahrenen Situationen, verbringe die Zeit im stillen Gebet oder sitze einfach entspannt da, dankbar für alles, was ich im Leben erreicht habe, für jede Erfahrung, die ich machen konnte. Für mich ist das die optimale Gelegenheit, um die Geschehnisse des Alltags zu „verdauen".

Ehe wir zur Tat schreiten, möchte ich, dass du dir einen Augenblick Zeit nimmst, um in dich zu gehen. Nimm ganz bewusst wahr, wie das Leben um dich herum seinen Gang nimmt. Und nun möchte ich, dass du in dich hineinhorchst. Wie geht es dir? Bist du glücklich? Traurig? Wütend? Verunsichert? Oder kannst du es gar nicht erwarten, dich über die folgenden Anleitungen herzumachen und die vielen tollen Häkelprojekte in Angriff zu nehmen?

Falls Letzteres zutrifft, keine Bange. Das Warten hat bald ein Ende. Eins will ich aber noch loswerden: Du sollst von mir nicht nur ein paar Häkelmuster bekommen. Vielmehr möchte ich dich aufrichten, dir Mut machen, Hilfestellung geben. Ich möchte dir zu einer neuen Sicht auf die Dinge verhelfen, dich auf deiner Reise zu dir selbst begleiten, dich im Alltag einen tieferen Sinn finden lassen – für insgesamt mehr Lebensqualität.

Ich selbst musste mich in meiner Kindheit und Jugend mit allerhand herumschlagen – ich wurde auf vielfältige Weise misshandelt, hatte das Gefühl, unerwünscht zu sein, wusste nicht, wo ich hingehöre. Nach einer unerkannten Angststörung, schweren Depressionen und zahlreichen weiteren schlimmen Erfahrungen hat sich die kreative Betätigung für mich als überraschend heilsam erwiesen. Wer mich kennt, würde niemals auf den Gedanken kommen, ich könnte eine derart düstere Vergangenheit haben. Doch um das alles zu verarbeiten, musste ich nach innen blicken, an dem Erlebten wachsen, Heilung finden und den Schmerz als Katalysator für neue Kraft nutzen.

In Zeiten, da ich das Gefühl hatte, die Welt würde aus den Fugen geraten und mir die Kontrolle über alles, einschließlich mich selbst, entgleiten, fiel es mir schwer, das Leben als das zu sehen, was es ist – nämlich ein kostbares Geschenk.

Glaub mir, ich habe Jahre gebraucht, um mein Dasein voller Dankbarkeit anzunehmen. Heute erlebe ich, wie meine Träume Früchte tragen, sehe, wie meine Familie wächst und zu einer Einheit verschmilzt, ruhe sicher in mir selbst und weiß, wo mein Platz ist. Früher hatte ich ständig das

Gefühl, allen nur im Weg zu sein oder ausgenutzt zu werden. Ich hatte nicht die leiseste Hoffnung, dass mir jemals etwas Gutes widerfahren könnte, weil niemand mir das Gefühl gab, es wert zu sein. Erst nachdem ich erfahren hatte, wie bedingungslose Liebe aussieht, konnte ich dem Teufelskreis entkommen. Diese Erfahrung hat mich gelehrt, dass auch ich es wert bin, dass man etwas in mich investiert, dass man mir zuhört und an mich glaubt, und dass ich gut bin, so wie ich bin – mit allen meinen Fehlern und Verletzungen. Mein Ehemann war ein ganz entscheidendes Teil in diesem Puzzle. Er hat mir nie das Gefühl vermittelt, seinen Ansprüchen nicht gerecht zu werden, selbst in den schwersten Zeiten nicht. Sicher, ich habe nach wie vor gegen so manche Dämonen zu kämpfen, aber dass da jemand ist, der mir zeigt, dass auch ich Liebe verdient habe, trotz aller meiner Probleme, hat letzten Endes mein Leben und meine Sicht auf meine Mitmenschen grundlegend verändert.

Lange Zeit hatte ich niemanden, der mit mir durch Dick und Dünn ging, und glaub mir, in meinem Leben kam es oft extrem dick. Es stimmt, was man sagt: Ohne Regen kein Regenbogen. Ich gehe weiter und sage: ohne Schmerz keine Dankbarkeit und kein Wachstum. Wir sollten die dunklen Momente bereitwillig annehmen, da sie uns zu dem machen, was wir sind - ohne sie wären wir nicht da, wo wir aktuell stehen.

Ich besitze leider keine besonderen Erinnerungsstücke aus meiner Kindheit. Lediglich ein einfaches Notizbuch ist mir geblieben, in das ich als Teenager die wenigen Fotos aus den Jahren zuvor geklebt hatte. Ich habe es immer gehütet wie meinen Augapfel. Ich wollte etwas besitzen, das größer war als ich selbst, etwas, das mir half, die Bedeutung des Lebens über die eigene Generation hinaus zu begreifen –

ein Familienerbstück sozusagen. Meine Kinder sollen spüren, dass es ihre Kindheit wert ist, erinnert zu werden. Deshalb wollte ich ihnen mit etwas Selbstgemachtem zeigen, wie wichtig und kostbar sie für mich sind. Ich war entschlossen, ihnen mehr zu hinterlassen, als ich selbst erhalten hatte, und ihnen die Sicherheit zu geben, die mir selbst immer gefehlt hat.

Kurz vor dem ersten Geburtstag meiner Tochter beschloss ich also, Häkeln zu lernen, damit sie ein paar handgemachte Erinnerungsstücke von ihrer Mama bekommen würde. Ich selbst hatte als Kind nie die Mutter, die ich gebraucht hätte, aber mir wurde klar, dass ich den Schmerz und die Entbehrungen aus meiner Kindheit als Anlass nehmen sollte, ganz für meine eigene Tochter da zu sein. Ich habe aus meinen Erfahrungen gelernt, statt die vertrauten Verhaltensmuster zu übernehmen. Und mit der Zeit sind die Wunden verheilt - zum Wohle der Folgegeneration.

Als ich mit dem Häkeln anfing, war ich allerdings nicht auf das vorbereitet, was mich erwartete: ein völlig neues Selbstwertgefühl, Stolz, ausgelöst durch die Erkenntnis, dass ich alles schaffen kann, was ich mir vornehme, unglaublich tolle Menschen, die durch mein neues Hobby in mein Leben getreten sind, berufliche Chancen, die sich aufgetan haben, und, was das das Tollste ist: dass ich jetzt obendrein noch mein größtes Lebensziel verwirklichen darf – ein eigenes Buch zu schreiben. Solange ich denken kann, waren mir Worte extrem wichtig. Ich habe Kurse in kreativem Schreiben besucht und an der Highschool einen Schreibkurs absolviert. Bücher lesen und in andere Welten, in die Vorstellung von anderen Personen eintauchen, sich in deren Perspektiven hineinversetzen, war etwas, das mich immer schon antrieb. Dass ich heute hier sitze und diese Zeilen tippe, auf meinem eigenen Laptop Ideen und Gedanken formuliere, die du dir im Stillen durch den Kopf gehen lässt, ist etwas, wovon ich lange geträumt habe. Das Schreiben nun mit meiner Freude am Handarbeiten vereinen zu können, ist mir eine besondere Ehre.

Während ich im Lauf der Jahre immer öfter zur Nadel gegriffen habe, ist mir so manches klar geworden. Denn auch wenn meine Hände beschäftigt sind, bleibt mein Geist dabei offen genug, um gedanklich neue Wege zu beschreiten. Ursprünglich habe ich mich auf Geschenke für meine Kinder konzentriert (was ich nach wie vor tue), aber in letzter Zeit ertappe ich mich immer wieder dabei, dass ich darüber hinaus kreativ werde und eigene Stücke entwerfe – praktische und schöne Dinge und Designs, die meinen persönlichen Stil repräsentieren. Während ich die Maschen arbeite, gehe ich heilenden Gedanken nach und beschäftige mich mit all dem, was ich zuvor vernachlässigt oder schlichtweg verdrängt habe. Je mehr ich häkle, desto größer scheint das Geschenk zu werden, das ich mir selbst damit bereite.

Mittlerweile habe ich gelernt, das Häkeln als etwas zu sehen, das tatsächlich von Bedeutung ist und nicht nur einfache Handarbeit. Ich bin fest überzeugt, dass auch du bald so denkst. In jedem der folgenden Kapitel werden wir uns mit einem anderen Thema befassen. Ich werde meine Gedanken dazu mit dir teilen und mit dir gemeinsam überlegen, wie wir uns beim Häkeln heilsam mit diesen Ideen auseinandersetzen. Viel zu selten gönnen wir uns während des Tages einen Moment, um zur Ruhe zu kommen, uns mit uns selbst zu beschäftigen und uns zu fragen, wer wir gerne wären. Wir vernachlässigen sträflich das persönliche Wachstum.

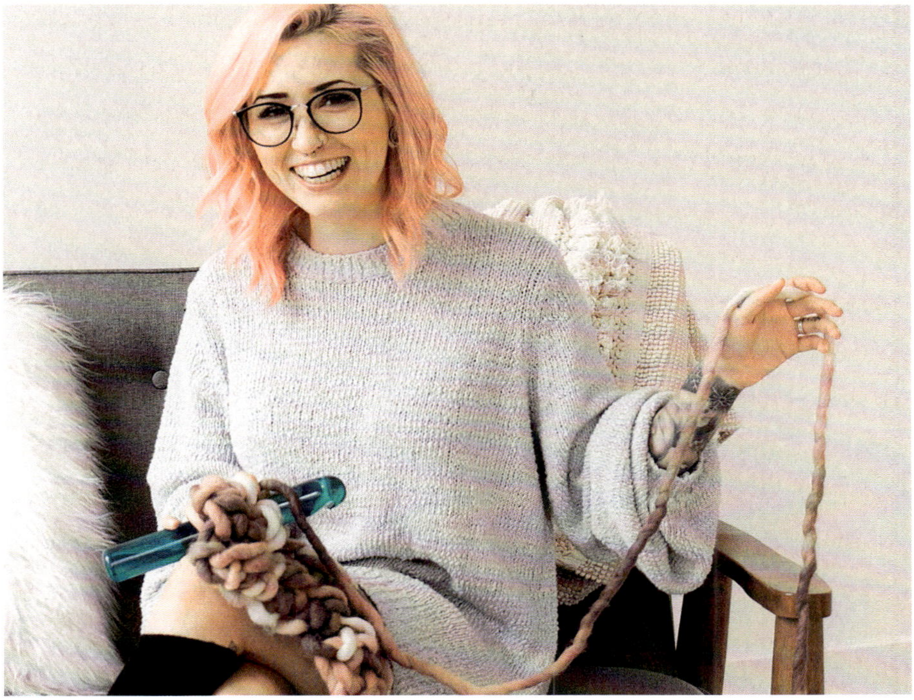

Es wird um Themen wie Dankbarkeit und Motivation, Perspektive und Achtsamkeit, Bewusstheit, Liebe, Akzeptanz und Vergebung gehen. Ich habe diese Themen gewählt, weil ich mich in meinem gesamten Wesen weiterentwickle, wenn ich ihnen Raum gebe und mich intensiv darin übe. Das möchte ich auch dir möglich machen.

DANKBARKEIT & MOTIVATION: Es mag teils schwerfallen, so zu empfinden, aber das Leben ist voller Schönheit. Sich in Dankbarkeit zu üben ist etwas, das hilft, das Leben als den bunten Regenbogen zu sehen, der es theoretisch sein kann. Mit dieser Dankbarkeit geht die Motivation einher, weitere Gelegenheiten zu finden, diese Sicht auf das Dasein zu pflegen und dem Leben weitere positive Aspekte abzugewinnen.

PERSPEKTIVE & ACHTSAMKEIT: Öffne deinen Geist und lass dich auf diese Themen ein. Du wirst sehen, es erweitert deinen Horizont und verändert deine persönliche Sicht auf die Dinge. Das neu gewonnene Wissen bringt uns auf unserem Weg ein gutes Stück voran und ermöglicht uns völlig neue Denkweisen. Es liegt an uns selbst, ob wir Verantwortung für die eigene Person übernehmen. Und die Bereitschaft, neue Erkenntnisse zu gewinnen, ist Teil dieser Verantwortung uns selbst gegenüber. Es verleiht dem Leben „Saft" und weckt die Lust auf mehr.

BEWUSSTHEIT: Jeden Tag stehen wir vor Entscheidungen: wann sollen wir morgens aufstehen, sollen wir lieber Salat oder Pizza essen, muss die Wäsche unbedingt heute noch erledigt werden und vieles mehr. Wenn wir unsere Wahl dabei ganz gezielt unter dem Aspekt der Nachhaltigkeit treffen statt im Hinblick auf sofortige Befriedigung, leben wir bewusster, und davon profitieren nicht nur wir selbst. Diese Bewusstheit ist der Kitt, der alles zusammenhält, und wir können noch heute damit beginnen, einzelne Entscheidungen für eine bessere Zukunft zu treffen.

LIEBE: Das Leben gewinnt ganz neue Bedeutung, wenn wir lernen, Liebe zu geben und anzunehmen. Indem man sich anderen uneingeschränkt öffnet, macht man sich gefährlich verletzlich, doch hat diese Hingabe einen nachhallenden Effekt: Alles wirkt viel freundlicher, und man verspürt unvermittelt den Drang, die Liebe an erste Stelle zu stellen. Mit Selbstgemachtem können wir etwas von uns selbst mit anderen teilen und schenken ihnen unsere besondere Aufmerksamkeit. Wir nutzen zur Herstellung unsere kostbare Zeit und unsere Talente und opfern sie diesem einen Menschen. Ist es nicht ein unvergleichliches Geschenk, wenn wir etwas geben, in das wir alle unsere Liebe gesteckt haben? Damit versichern wir dem Empfänger, nie an unserer innigsten Zuwendung und Unterstützung zu zweifeln. Unsere Liebe wird dadurch zu etwas Greifbarem.

AKZEPTANZ & VERGEBUNG: Wenn wir an Verletzungen und Schmerzen festhalten, nun, dann schmerzt das. Ich habe mich im Laufe meines Lebens immer wieder erniedrigt, enttäuscht und ausgenutzt gefühlt. Zu vergeben, wenn mir Unrecht getan wird, und noch vielmehr mir selbst zu verzeihen, wenn ich anderen Unrecht getan habe, hat den Vorteil, dass ich die Kontrolle über die Situation behalte. Gleichzeitig übernehme ich Verantwortung für alles Kommende. Ich erlaube mir die Freiheit, loszulassen und nicht ständig an negative Geschehnisse zurückzudenken. Uns selbst zuliebe sollten wir eine Denkweise annehmen, die Heilung und Wachstum ermöglicht, weil das Leben so neuen Sinn erhält.

In meinem Buch ist bisweilen von Meditation und Gebet die Rede. Lange Zeit hatte beides für mich persönlich so gut wie keine Bedeutung. Doch auf meinem Weg der Heilung gelangte ich irgendwann zu der Erkenntnis, dass man auch das Schaffen von Raum im eigenen Bewusstsein für mehr Achtsamkeit, für Ruhe und Beständigkeit im Denken als eine Art Meditation betrachten kann. Für mich persönlich nahm das Häkeln diese Rolle ein und hat mich wertvolle Wissensschätze entdecken lassen, die mir andernfalls verborgen geblieben wären. Handarbeit sorgt bei mir für Entspannung, aber es ist vor allem der meditative Aspekt sowie das „Hygge“-Gefühl, die die tiefe Wirkung dieser einfachen Betätigung ausmachen. Die bewusst geschaffene Behaglichkeit sorgt für eine ganz spezielle Stimmung, die nicht so recht greifbar ist. Es bedarf mehr als nur einer Tasse Tee und eines gemütlichen Sofas, um diese besondere Atmosphäre zu erzeugen. Durch den kreativen Schaffensprozess ebnen wir dem echten

„Hygge“ den Weg: indem wir beim Anschlagen der Maschen unseren Gedanken nachgehen, uns Zeit für uns selbst nehmen und unter Einsatz größter Sorgfalt etwas Besonderes schaffen, und zwar in einem gemütlichen, freudvollen und absolut bewussten Rahmen.

Die vorgestellten Projekte sind vergleichsweise einfach: Die Muster wiederholen sich zum Großteil und erfordern kein hohes Maß an Konzentration. Der Geist ist frei, die Handbewegungen automatisieren sich. Dabei lässt es sich wunderbar über die unterschiedlichsten Themen nachdenken. Am Ende hältst du nicht nur ein Stück in den Händen, das mit großer Achtsamkeit und Liebe gefertigt wurde, du kommst auf deinem persönlichen Weg der Selbstoptimierung auch ein gutes Stück voran. Vom Schal über Ohrenwärmer bis hin zu kuscheligen Decken, modischen Kleidungsstücken und knuffigen Kuscheltieren findest du hier die vielfältigsten Vorlagen – einfach genug, um für jeden machbar zu sein, aber auch ausreichend anspruchsvoll, um selbst erfahrene Häkelfans nicht zu langweilen.

Ich selbst bin von der Wichtigkeit eines achtsamen Lebens überzeugt. Jeder von uns sollte von Zeit zu Zeit sein Handy beiseitelegen und die eigenen Reserven füllen, um anschließend gestärkt für andere da sein zu können. Wenn wir uns gut um uns selbst kümmern und die Selbstheilungskräfte aktivieren, sind wir besser in der Lage, etwas von der neu gewonnenen Kraft und Energie in unsere Beziehungen und Verantwortlichkeiten zu stecken. So bringen wir unsere handwerklichen Fähigkeiten für einen höheren Zweck zum Einsatz.

Wenn du dich nun an die Arbeit machst, solltest du die dafür aufgewendete Zeit gut nutzen und dich an die Aufarbeitung all jener Angelegenheiten machen, die dich momentan ausbremsen. Wir alle sind menschlich. Wir alle tragen Schmerzen und Traumata in uns. Aber wir alle sind dazu in der Lage, ihnen den nötigen Raum zu geben, damit wir zu echter Einsicht gelangen und die Schönheit des Lebens schätzen lernen. Es hat lange gedauert, bis ich erkannte, was ich meinen Verletzungen alles zu verdanken habe. Erst als ich mich den schmerzhaften Erinnerungen stellte, kam mir diese Erkenntnis, und heute bin ich mehr als froh, diesen Schritt gemacht zu haben. Ich habe davon nur profitiert. Aus meiner Missbrauchserfahrung konnte ich die wertvolle Lehre ziehen, dass ich nicht die bin, zu der andere mich machen wollen. Die Missbilligung meiner eigenen Entscheidungen hat mich gelehrt, dass andere zwar gute Absichten haben mögen, aber nur ich allein wissen kann, wer oder was ich sein möchte. Dass ich auf vielfältige Weise ausgenutzt wurde, hat mich gelehrt, dass ich durchaus das Anrecht habe, mich stark und selbstbewusst zu zeigen. Der langwierige Kampf gegen meine psychischen Probleme hat mir gezeigt, dass ich mich in einem anhaltenden Entwicklungsprozess befinde und ich mich mir selbst gegenüber in Geduld und Nachsicht üben muss, umso mehr, wenn andere mir diese verweigern.

Nun ist es an dir, dir die zahlreichen Freuden in deinem eigenen Leben zu vergegenwärtigen und sie dankend anzunehmen. Ich werde dich auf dieser Reise begleiten. Bist du bereit, dich auf die Textur der Wolle, das muskuläre Gedächtnis der immer gleichen Bewegungen und den Wunsch nach Wachstum einzulassen und so einen frischen Anfang zu wagen?

Dann lass uns beginnen.

Alles Liebe
Jessica

ÜBER DAS HÄKELN

Ehe wir loslegen und uns die Häkelgrundlagen aneignen, wollen wir uns einen Moment mit dieser Handwerkskunst befassen und herausfinden, welche Möglichkeiten sie bietet. Gehäkelt wird schon seit langer Zeit, zumindest in Europa war das bereits vor 1800 der Fall. Möglicherweise lässt sich diese Handarbeitsform auf das Italien des 16. Jahrhunderts zurückführen, damals noch als „Nonnenwerk" oder „Nonnenspitze" bezeichnet. Häkeln hat mit dem Stricken lediglich gemeinsam, dass dabei Wolle verwendet wird und man mithilfe eines Werkzeugs ein Textil herstellt.

Beim Häkeln kommt eine spezielle Nadel zum Einsatz, die Maschen werden mit der Wolle in der einen und dem Werkzeug in der anderen Hand gearbeitet. Diese Technik ist unglaublich einfallsreich, es lassen sich die unterschiedlichsten Objekte herstellen. Abgesehen von der Vielfalt an Projekten gibt es die verschiedensten Garne und Hilfsmittel, dank derer sich das Endergebnis noch individueller gestalten lässt.

Häkelnadeln gibt es in verschiedenen Formen, Größen und Materialien, jeder entwickelt mit der Zeit seine eigenen Vorlieben. Man hat die Wahl zwischen Nadeln aus Metall oder Holz. Die Griffe können gerade geformt sein oder zum Ende hin konisch zulaufen. Lass dich nicht entmutigen, wenn du es nicht auf Anhieb hinbekommst – versuch es lieber mit einer anderen Nadel.

Auf den Abbildungen im Buch siehst du meine eigene Nadel, entworfen nach meinen Bedürfnissen. Weiterführende Informationen zu der Nadel der Marke „The Hook Nook“ findest du auf meiner Website: www.thehooknooklife.com.

Die Qual der Wahl hat man außerdem beim Garn: Unterschiede gibt es beim Material (Acryl, Wolle, Alpaka, Baumwolle, Seide oder Kaschmir) und beim Gewicht, also der Dicke oder Stärke des Fadens.

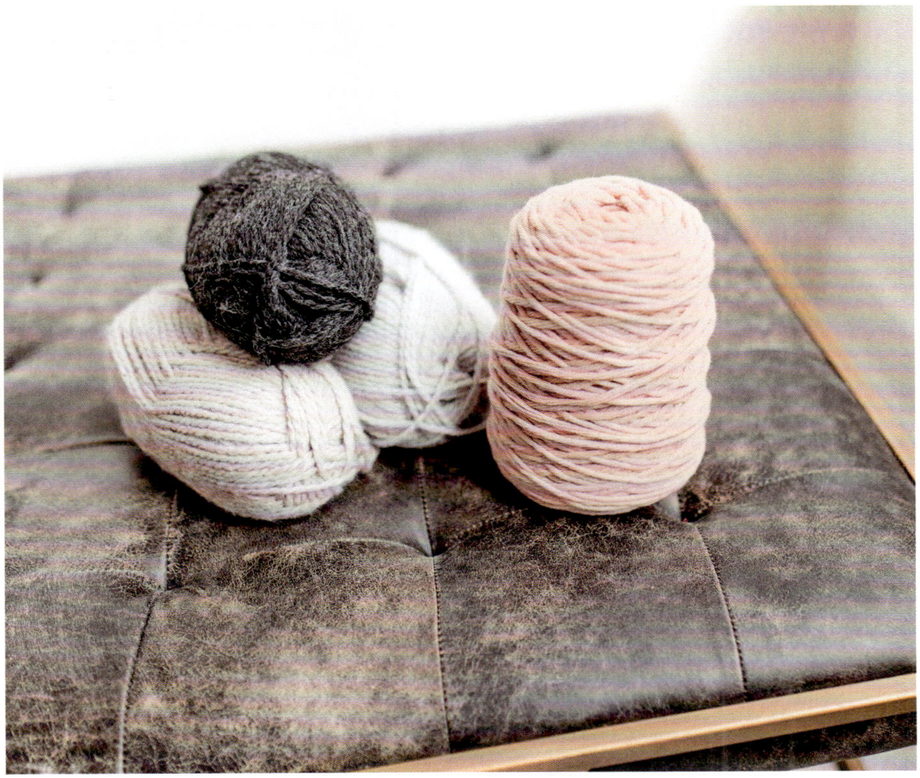

Je nach Art des Projekts wählt man ein Garn, das sich gut verarbeiten lässt. Bei den selbstgemachten Spültüchern (Seite 91) habe ich mich für ein robustes, pflegeleichtes Baumwollgarn entschieden. Ein Jumbogarn aus Alpakawolle eignet sich gut für einen grob gehäkelten Schal, während man für Socken eher eine feinere Wolle wählt. Jedes Garnknäuel ist mit einer Banderole versehen, auf der Informationen zu Material, Gewicht und der empfohlenen Nadelgröße zu finden sind.

Zu guter Letzt hat man die Auswahl an zahlreichen Farben, sofern man sich sein Garn nicht selbst färbt! Selbst gefärbte Garne sind einzigartig, kein Knäuel wird je sein wie das andere. Weil es jederzeit zu Farbabweichungen kommen kann, ist fast jedes Garn, das es zu kaufen gibt, zusätzlich mit einer Partienummer versehen, die Auskunft über die entsprechende Charge gibt, für den Fall, dass bei einem größeren Projekt die Wolle knapp wird. Will man die gewünschte Farbe nachbestellen, ist es gut, diese Nummer zu kennen, um denselben Farbton zu erhalten. Doch auch innerhalb eines Knäuels kann es zu Abweichungen kommen, besonders bei natürlich gefärbten Garnen. Aber gehört das nicht auch dazu? Rechnet man nun noch die ombrierten, gesprenkelten und vielfarbigen Garne hinzu, sind die Möglichkeiten nahezu grenzenlos. Bewahre die Banderolen am besten gesammelt auf, dann hast du die nötigen Informationen im Notfall griffbereit – oder bestell dir das Garn-Notizbuch auf meiner Website. Darin kannst du dir alle diese Angaben notieren.

Wichtig für das fertige Produkt sind außerdem die Pflegehinweise. Natürlich will man so eine Decke zwischendurch waschen können, gerade mit einer Katze oder einem Kleinkind im Haus. Wenn es dir dagegen nichts ausmacht, deinen Venus-Schal (Seite 66) von Hand zu waschen, kannst du jederzeit zu einem feineren Garn greifen. Schenkt man anderen etwas Handgefertigtes, sollte man sie auf die Art des Materials und dessen Pflege hinweisen.

Zu guter Letzt noch ein Wort zu den Kosten. Natürlich gibt es sehr teure Garne, aber alles in allem ist das Häkeln ein erschwingliches Handwerk. Bedenken sollte man jedoch, dass mehr Wolle benötigt wird, je umfangreicher das Projekt ist. Es empfiehlt sich, lieber etwas zu viel Wolle zu besorgen. So ist man auf der sicheren Seite. Andererseits lohnt es sich, nach kostengünstigen Garnen Ausschau zu halten, gerade zu Beginn, wenn man noch dabei ist, zu lernen und zu experimentieren. Spare dir das besonders edle Seidengarn lieber für später auf, wenn du sicher bist, dass du ein Muster souverän meistern kannst.

Es ist einfach wunderbar, zur Gemeinschaft der Fadenkünstler zu gehören, und dass man in dieser Community seine individuellen Erfahrungen mit Gleichgesinnten teilen kann, macht das Ganze zu einer sehr persönlichen Angelegenheit. Ich experimentiere bei meinen Arbeiten gern mit den verschiedenen Garnqualitäten. Bei Kleidungsstücken überlege ich mir, wie der Stoff fallen und sich anfühlen soll, ehe ich mich für ein Garn entscheide. Mit jeder neuen Garnart wird der Schaffensprozess zu einer neuen Erfahrung.

Wenn man es so betrachtet, bietet jedes Projekt die Möglichkeit, sich selbst völlig neu zu erfahren und dem Häkelwerk seine ganz persönliche Note zu geben.

Um das Thema Achtsamkeit auch auf das Material anzuwenden, hier noch ein Tipp: Garne kann man auch von kleineren Herstellern, direkt vom Hof oder von örtlichen Färbern beziehen. Möglicherweise findet sich ein Produkt, das in der eigenen Region gesponnen wird oder aus fair gehandelter Wolle besteht. Jedes Detail fließt in die Geschichte des fertigen Produkts mit ein. Das Besondere an diesem Handwerk ist nämlich nicht nur sein kreativer Einfallsreichtum, sondern auch, dass es durch derart bewusste Akzente unser Leben bereichert. Die gezielte Wahl des Materials und die Fertigkeiten, die wir uns aneignen, lassen uns auf eine Weise profitieren, die weit über das einfache Hantieren mit Nadel und Faden hinausgeht.

Solltest du blutige Häkelanfängerin oder Häkelanfänger sein, freut es mich umso mehr, dass du dieser Handwerkskunst eine Chance geben willst! Ich werde dich Schritt für Schritt begleiten, während du die grundlegenden Maschenarten erlernst, die du für die Projekte im Buch benötigst. Solltest du bereits erste Erfahrungen gesammelt haben, so nutze das nachfolgende Kapitel zum Nachschlagen. Ich glaube fest daran, dass wir, wenn wir uns die Zeit nehmen, an uns selbst zu arbeiten, damit positiv auf die Lebensqualität der Menschen um uns herum wirken.
Und das ist doch wirklich etwas, worauf wir mächtig stolz sein können!

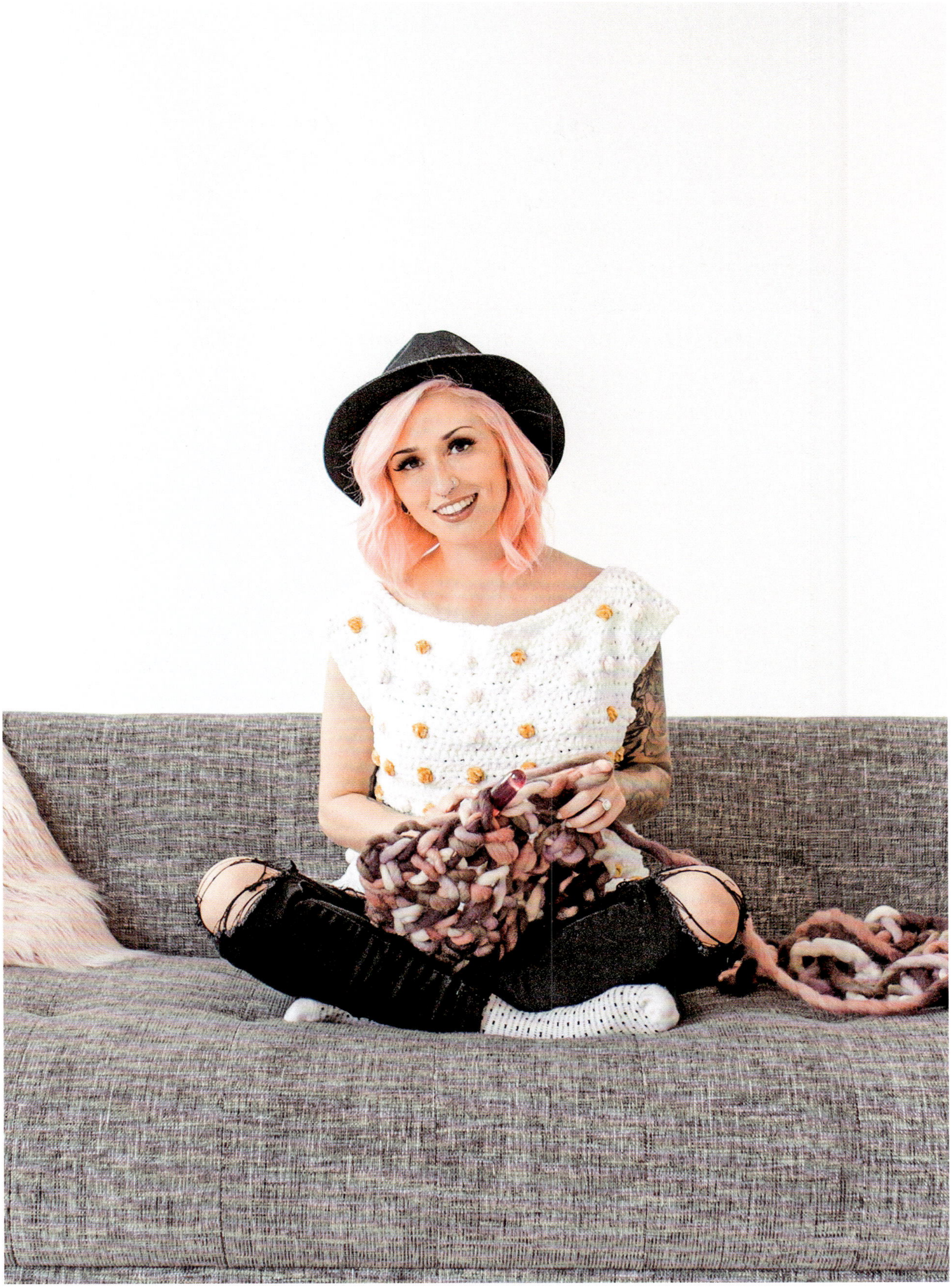

DIE GRUNDLEGENDEN HÄKELMASCHEN

Im Folgenden findest du die häufigsten Begriffe und Abkürzungen, wie sie in den Häkelanleitungen auftauchen. Im Anschluss an diese kurze Auflistung werde ich näher auf die einzelnen Punkte eingehen, damit du dich damit vertraut machen kannst. In den Anleitungen selbst verwende ich ausschließlich die Abkürzungen.

Anfangsschlaufe
Büschelmasche (BM)
Doppelstäbchen (dStb)
feste Masche (fM)
halbes Stäbchen (hStb)
Kettmasche (KM)
Luftmasche (LM)
Masche (M)
Noppe (N)
Reihe (Rh)
Runde (Rd)
Stäbchen (Stb)
Umschlag (U)

ANFANGSSCHLAUFE

1. Den Faden um die Finger zur Schlinge legen.

2. Das lose Fadenende über den Arbeitsfaden legen.

3. Den Arbeitsfaden mit Zeigefinger und Daumen greifen.

4. Nun den Arbeitsfaden durch die um die Finger liegende Schlaufe ziehen. Die so entstandene Schlinge auf die Nadel legen und am losen Ende ziehen, aber nur so fest, dass sie nicht herunterfällt. Die Schlinge sollte auf der Nadel liegen wie eine gut sitzende Hose: nicht zu weit, nicht zu eng.

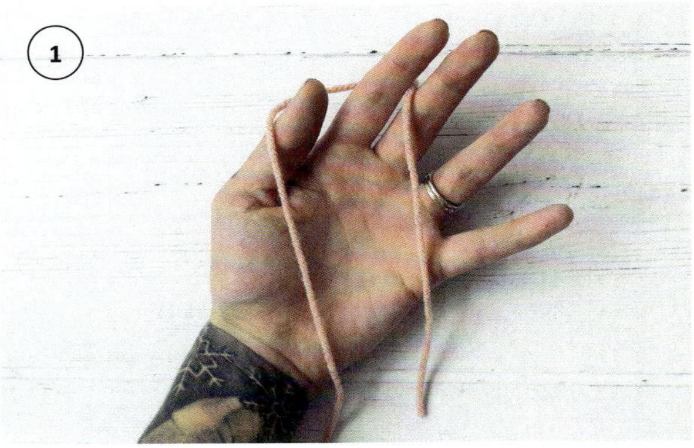

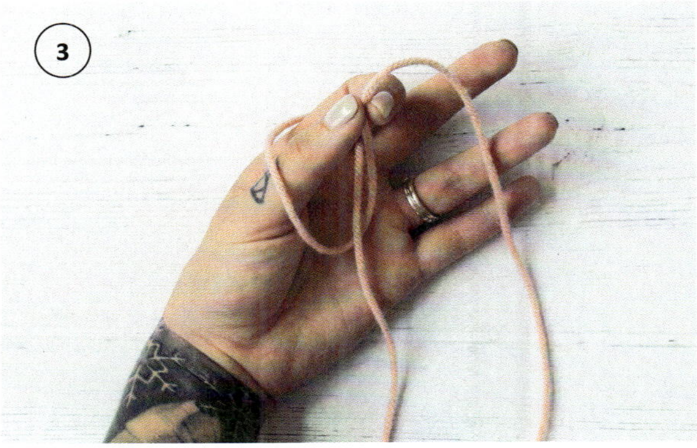

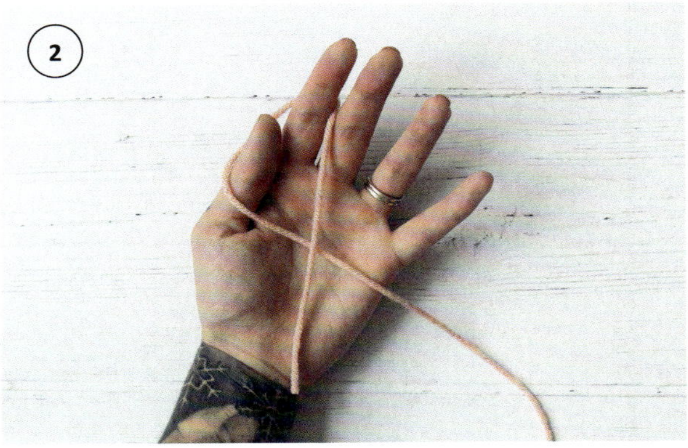

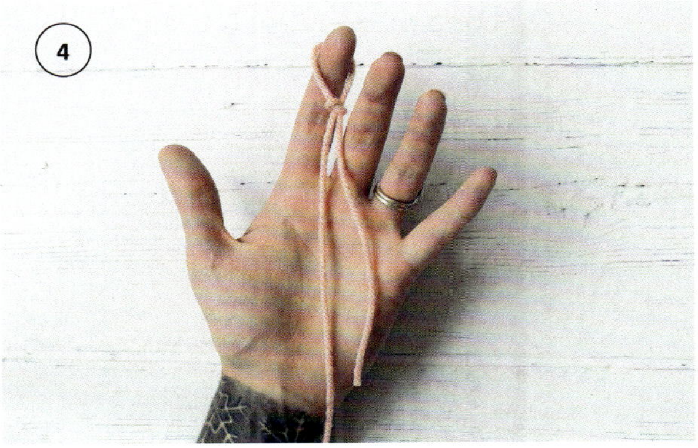

LUFTMASCHE

1. Anfangsschlaufe auf die Nadel legen und Umschlag legen. Hierzu führt man den Arbeitsfaden von hinten nach vorne über die Nadel.

2. Den Faden durch die Schlinge auf der Nadel ziehen.

3. Wiederholen, bis man die gewünschte Anzahl Luftmaschen hat.

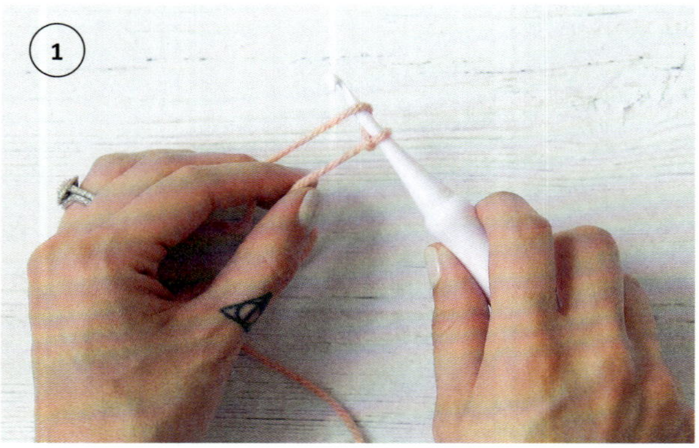

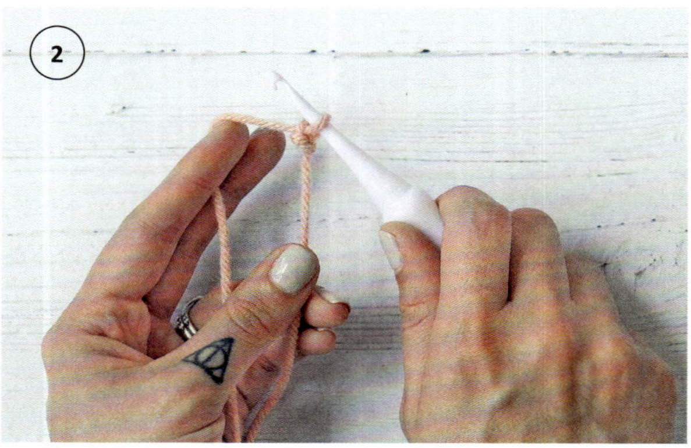

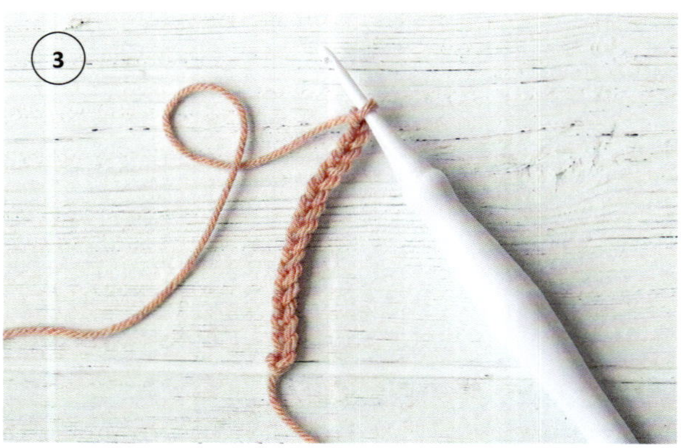

KETTMASCHE

1. Nadel durch Luftmasche oder andere Masche führen. Umschlag.

2. Faden durch die Masche ziehen (2 Schlaufen auf der Nadel). Nun diese zweite Schlaufe mit der Nadel auch durch die erste Schlaufe ziehen, so dass diese über die Nadelspitze gleitet und nur noch 1 Schlaufe auf der Nadel verbleibt.

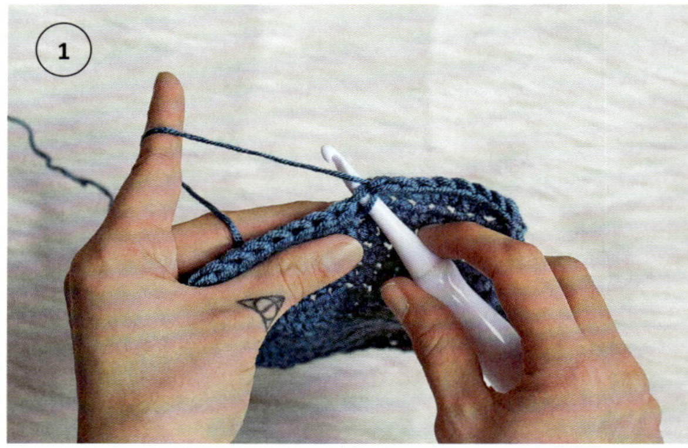

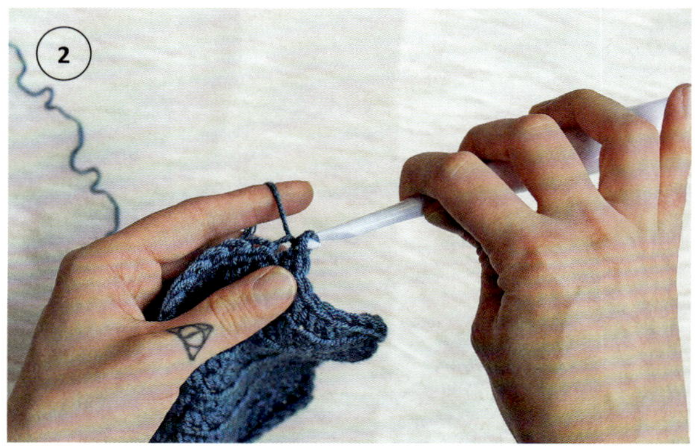

FESTE MASCHE

1. Nadel durch Luftmasche oder andere Masche führen.
2. Umschlag legen und durch die Masche ziehen
(2 Schlaufen auf der Nadel).
3. Umschlag legen.
4. Faden durch beide Schlaufen auf der Nadel ziehen.

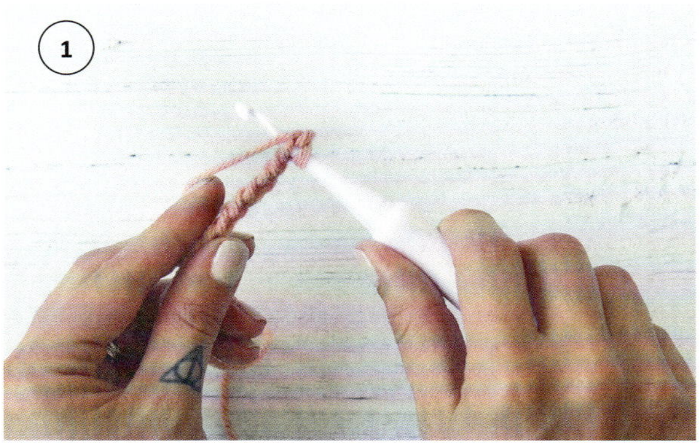

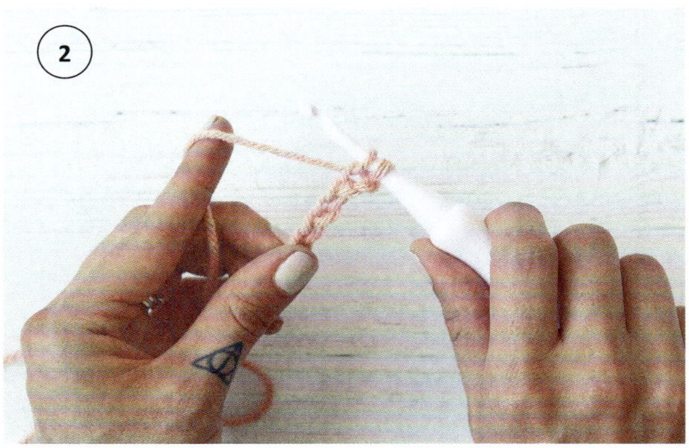

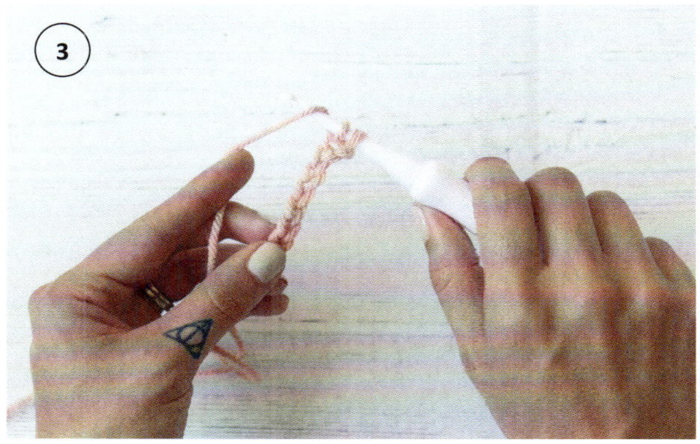

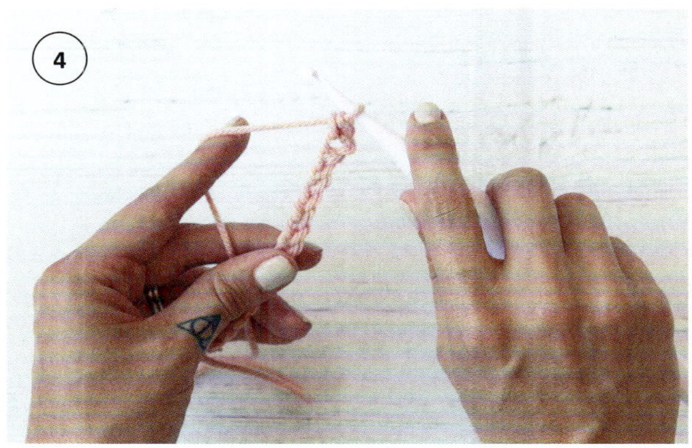

HALBES STÄBCHEN

1. Umschlag.

2. Nadel durch Luftmasche oder andere Masche führen. Umschlag.

3. Faden durch die Masche ziehen (3 Schlaufen auf der Nadel).

4. Umschlag.

5. Faden durch alle 3 Schlaufen ziehen.

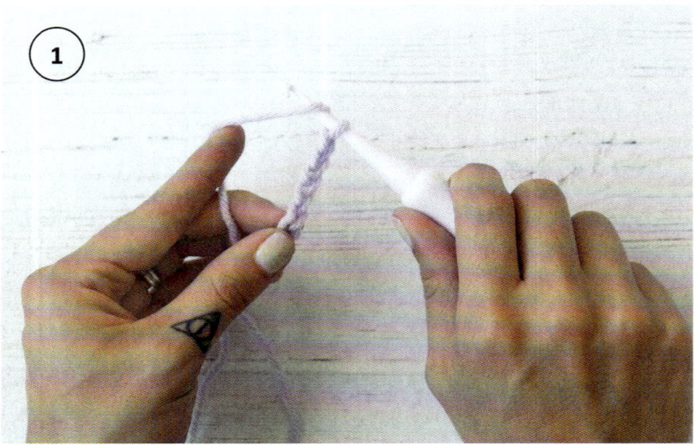

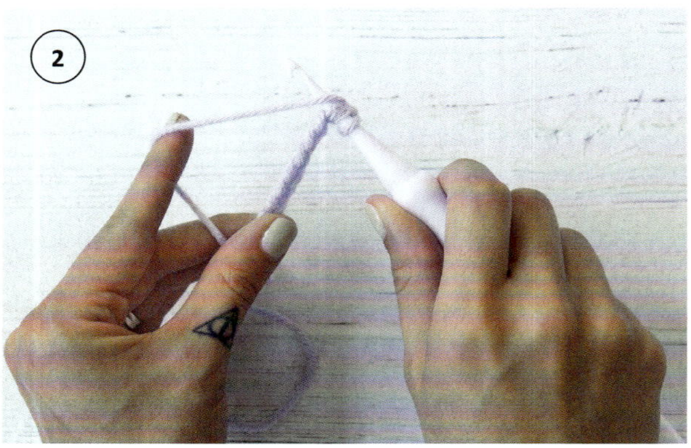

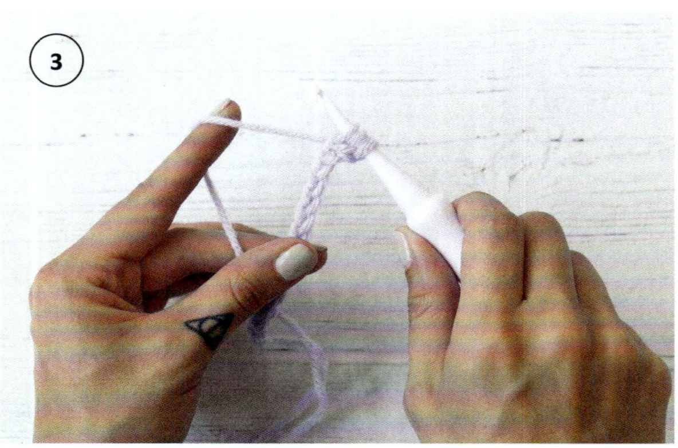

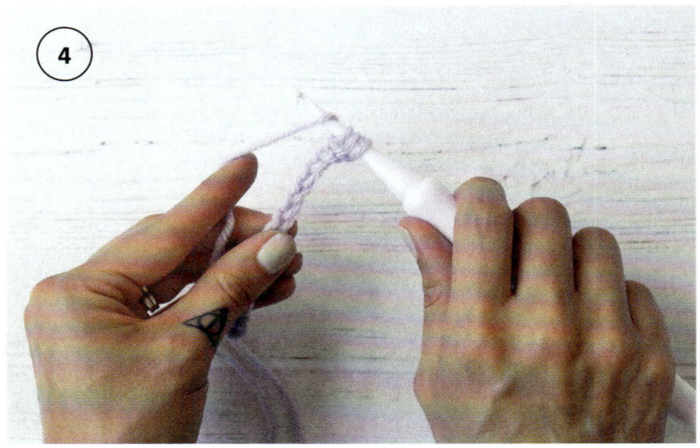

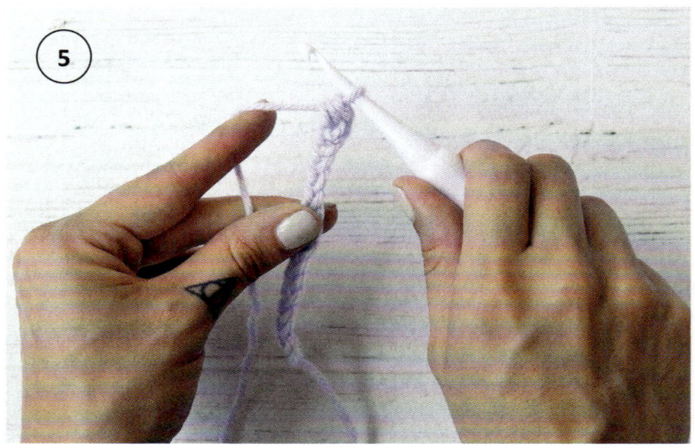

STÄBCHEN

1. Umschlag.
2. Nadel durch Luftmasche oder andere Masche führen. Umschlag.
3. Faden durch die Masche ziehen (3 Schlaufen auf der Nadel). Umschlag.
4. Faden durch 2 Schlaufen ziehen (2 Schlaufen auf der Nadel). Umschlag.
5. Faden durch die letzten beiden Schlaufen ziehen.

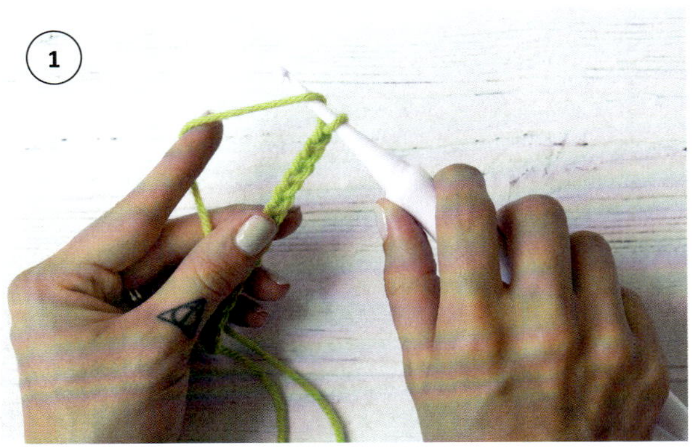

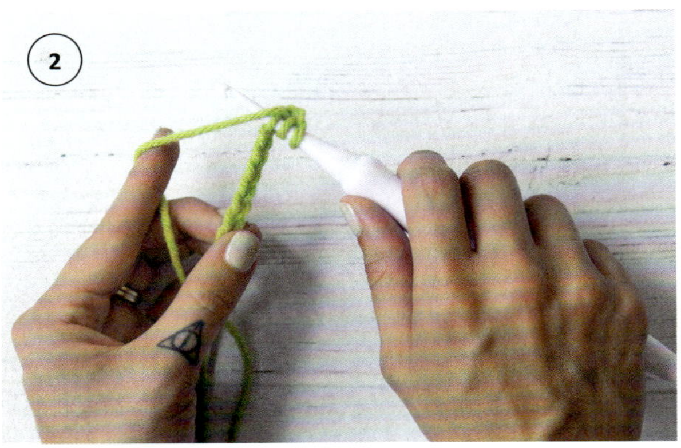

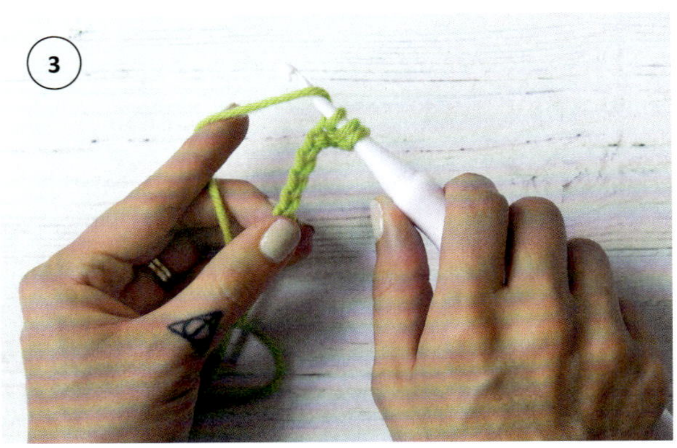

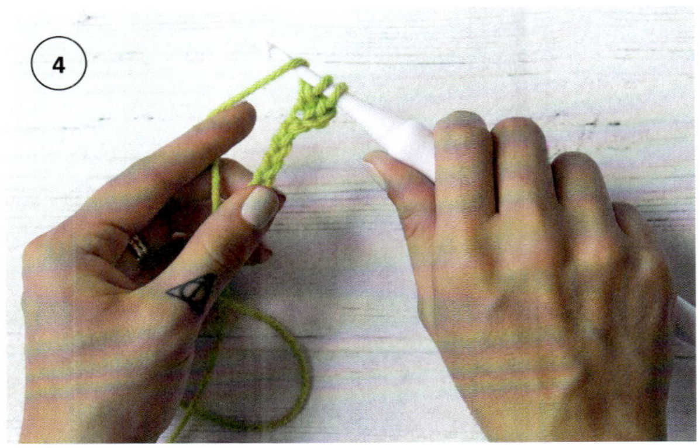

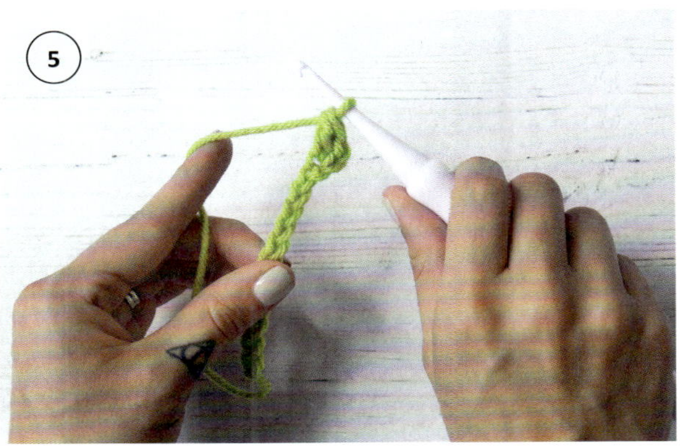

DOPPELSTÄBCHEN

1. Doppelter Umschlag.

2. Nadel durch Luftmasche oder andere Masche führen. Umschlag.

3. Faden durch die Masche ziehen (4 Schlaufen auf der Nadel). Umschlag.

4. Faden durch die ersten 2 Schlaufen ziehen (3 Schlaufen auf der Nadel). Umschlag.

5. Faden durch die nächsten 2 Schlaufen ziehen (2 Schlaufen auf der Nadel). Umschlag.

6. Faden durch die letzten beiden Schlaufen ziehen..

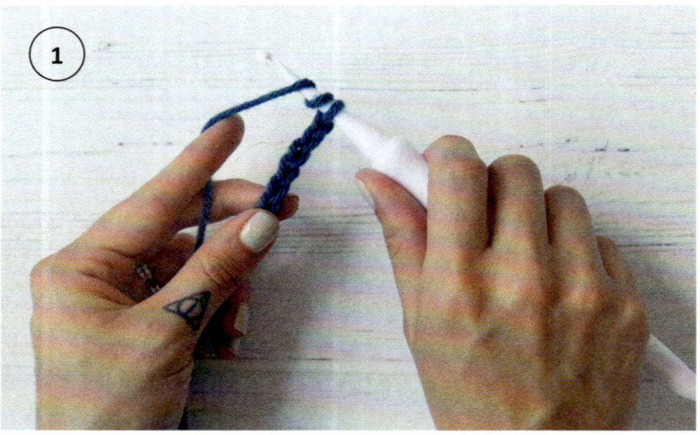

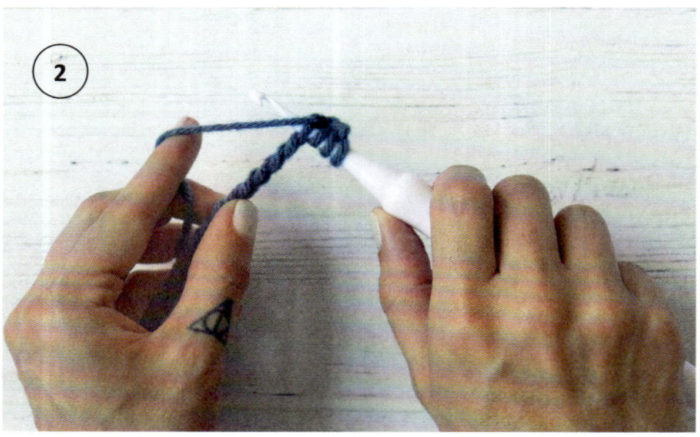

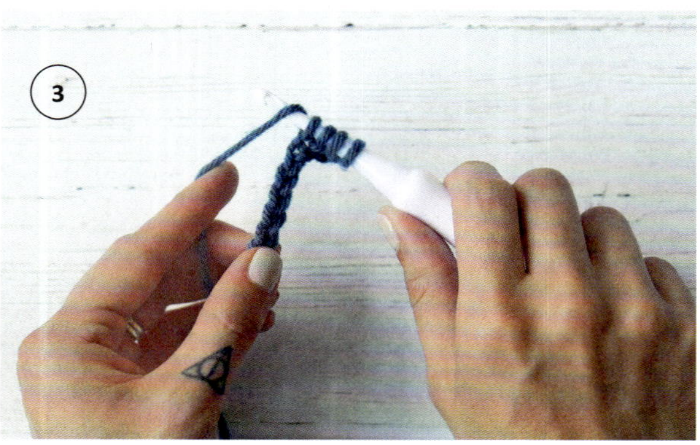

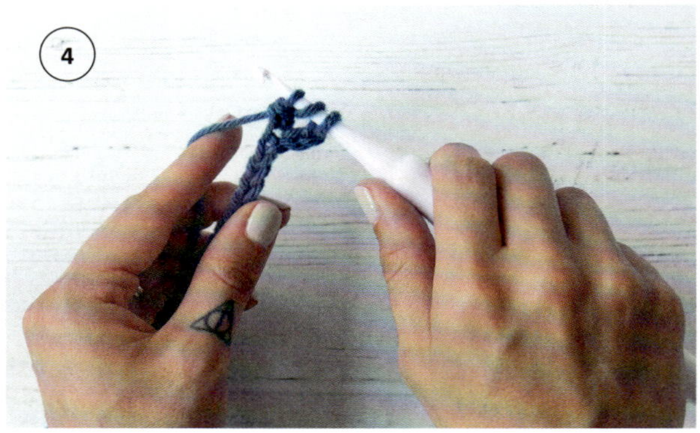

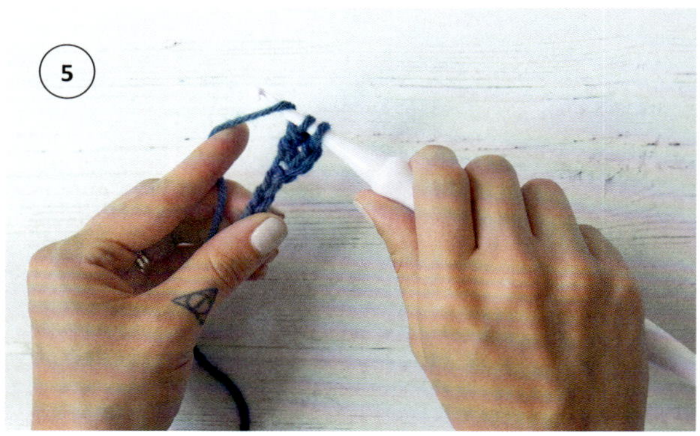

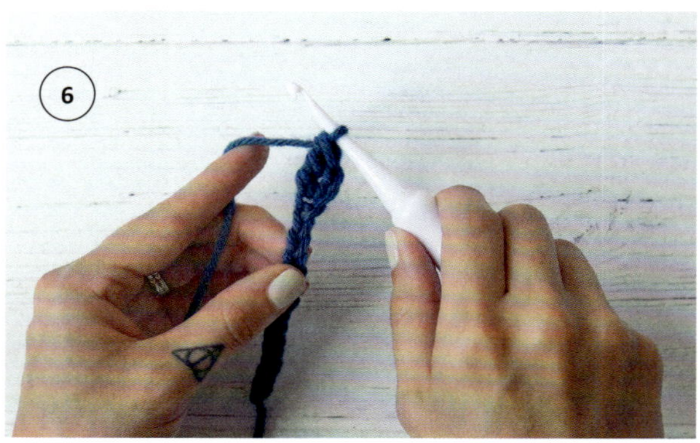

BÜSCHELMASCHE

1. Umschlag und Nadel durch Luftmasche oder andere Masche führen. Umschlag und Faden durch die Masche ziehen (3 Schlaufen auf der Nadel).

2. Umschlag und Nadel durch dieselbe Masche wie zuvor führen. Umschlag und Faden durch die Masche ziehen (5 Schlaufen auf der Nadel).

3. Umschlag und Nadel durch dieselbe Masche führen. Umschlag und Faden durch die Masche ziehen (7 Schlaufen auf der Nadel).

4. Umschlag und Nadel durch dieselbe Masche führen. Umschlag und Faden durch die Masche ziehen (9 Schlaufen auf der Nadel).

5. Faden durch 8 Schlaufen auf der Nadel ziehen. 2 Schlaufen verbleiben auf der Nadel. Letzter Umschlag.

6. Faden durch die letzten beiden Schlaufen auf der Nadel ziehen.

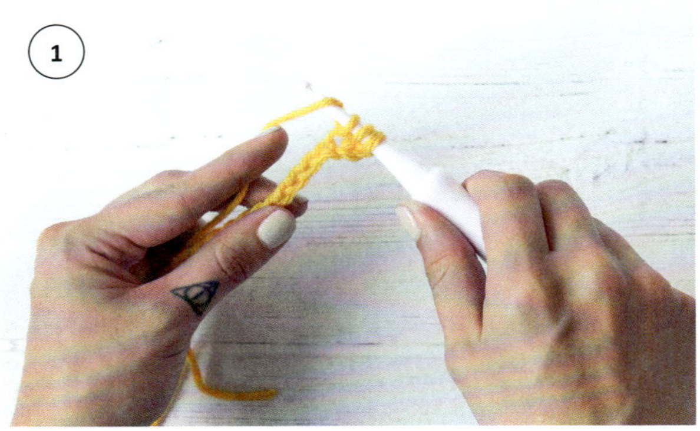

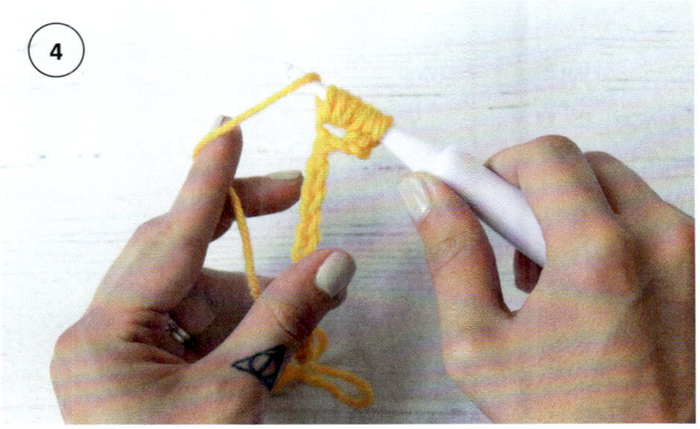

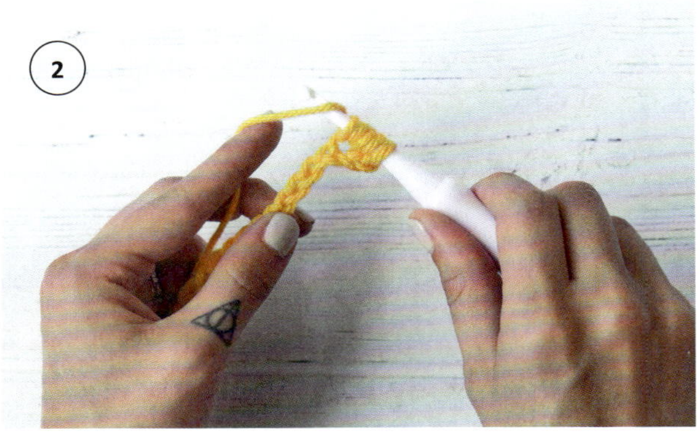

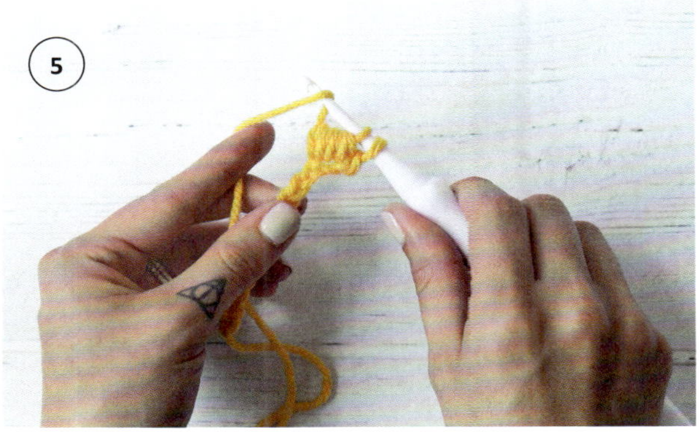

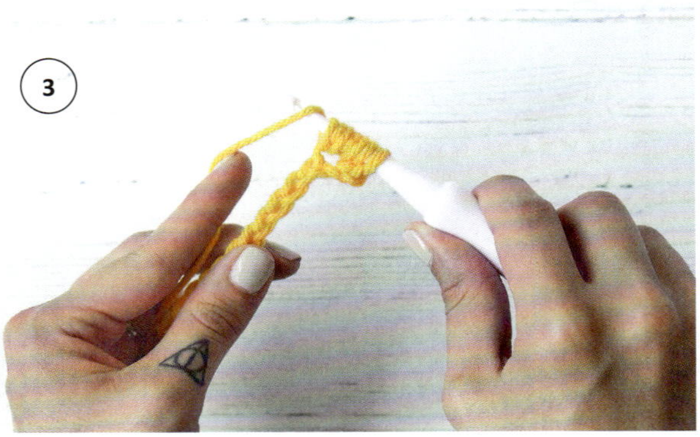

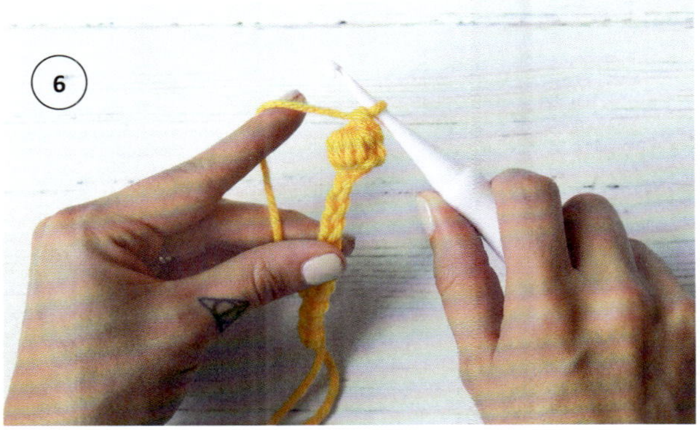

NOPPE

1. Umschlag.
2. Nadel durch Luftmasche oder andere Masche führen. Umschlag.
3. Faden durch die Masche ziehen (3 Schlaufen auf der Nadel). Umschlag.
4. Faden durch die ersten beiden Schlaufen auf der Nadel ziehen (2 Schlaufen auf der Nadel). Umschlag.

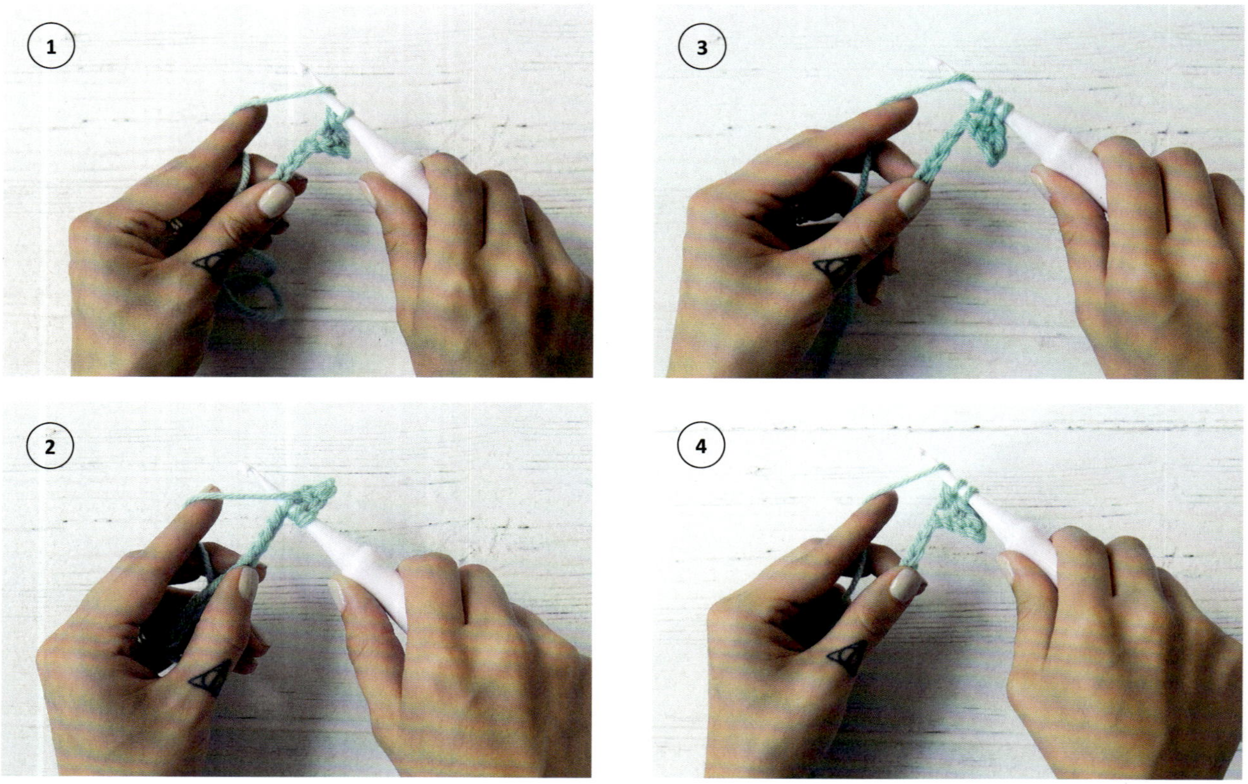

5. Nadel durch dieselbe Masche führen. Umschlag. Faden durch die Masche ziehen. Umschlag. Faden durch die ersten beiden Schlaufen auf der Nadel ziehen (3 Schlaufen auf der Nadel). Umschlag.

6. Nadel durch dieselbe Masche führen. Umschlag. Faden durch die Masche ziehen. Umschlag. Faden durch die ersten beiden Schlaufen auf der Nadel ziehen (4 Schlaufen auf der Nadel). Umschlag.

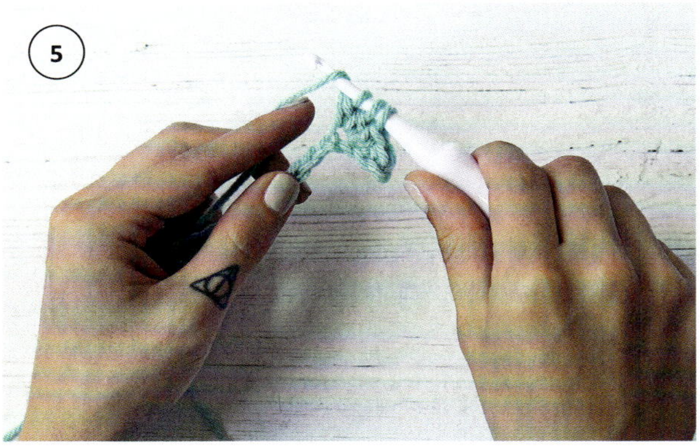

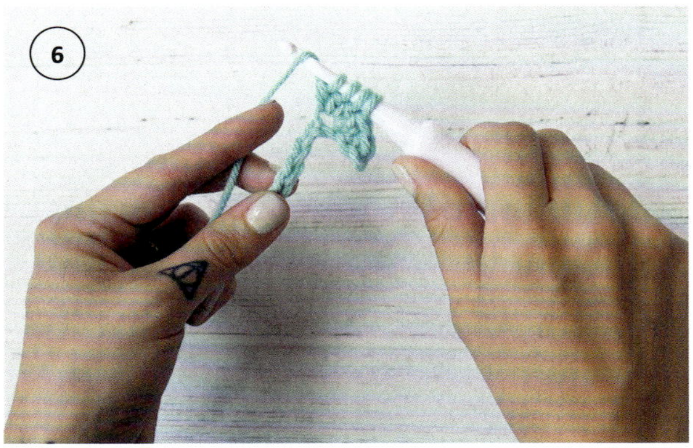

7. Nadel durch dieselbe Masche führen. Umschlag. Faden durch die Masche ziehen. Umschlag. Faden durch die ersten beiden Schlaufen ziehen (5 Schlaufen auf der Nadel). Umschlag.

8. Faden durch alle 5 Schlaufen ziehen.

Anmerkung: Manchmal hilft es, den Arbeitsfaden leicht zu straffen, damit die Maschen fester werden. So entsteht eine kompakte, erhabene Noppe.

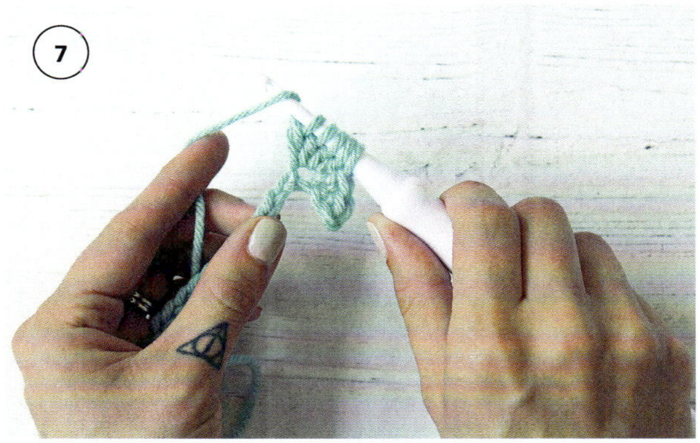

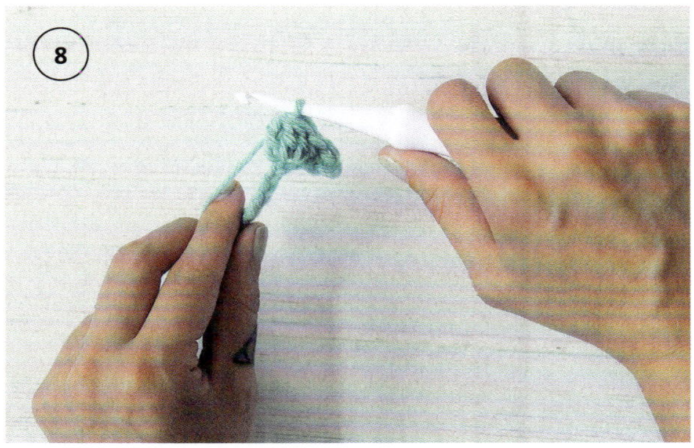

DANKBARKEIT & MOTIVATION

Irgendetwas will man immer im Leben, nicht wahr? Eine größere Wohnung, ein schnelleres Auto oder einen aufregenderen Job, ein neues Handy oder vielleicht manchmal schlichtweg ein neues Leben. Aber wissen wir eigentlich, was wir unserem inneren Ich und den Menschen um uns herum damit signalisieren?

Indem wir uns etwas Neues erhoffen oder denken, wir bräuchten immer mehr, werden all die guten Dinge und Menschen in unserem Umfeld automatisch abgewertet. Sicher gibt es auch in deinem Dasein etwas, womit du nicht vollends glücklich bist, davon kann ich selbst ein Lied singen. Aber indem wir uns auf die Dinge konzentrieren, die uns nicht ganz so gefallen oder die wir nicht besitzen, verderben wir uns die Freude an dem, was wir haben, weil wir dem nicht die gebührende Beachtung schenken. Wenn wir uns immer mehr wünschen, schaffen wir einen Mangel. Wir malen uns ein besseres Leben aus, was wiederum zu Verbitterung und Negativität gegenüber all dem führt, was wir bereits unser Eigen nennen. Und das verdient unsere Dankbarkeit.

Statt einfach immer nur mehr zu wollen um des Wollens willen, richten wir unsere Energie lieber auf etwas anderes. Es ist gut, sich dankbar zu zeigen für das, was man hat; auch in diesem Zusammenhang sollte unser Ziel Wachstum und Vergebung sein. Indem wir den Grund für unseren Wunsch nach Neuem begreifen, entdecken wir vielleicht Möglichkeiten, unsere gegenwärtige Lebenseinstellung ganz bewusst zu ändern. Indem wir zu schätzen lernen, was wir haben, oder exakt bestimmen, was wir ändern möchten.

Es ist nichts falsch daran, Wünsche zu haben, aber die Ursachen zu kennen, hilft, selbstlosere und nachhaltigere Entscheidungen zu treffen. Wir sollten auf dem Weg zur Erfüllung unserer Wünsche stets dankbar sein für den gegenwärtigen Zustand und uns überlegen, wie weit wir bereits gekommen sind. Jedes Wachstum sollte gefeiert werden und uns zum Weitermachen motivieren.

Dankbarkeit bedeutet, jeden einzelnen Aspekt der eigenen Existenz zu würdigen. Mitunter mag das Gras woanders grüner erscheinen, aber erstrahlt das eigene nicht ohnehin in einem wunderschönen satten Grün? Wir müssen lediglich anerkennen, dass es so ist. Außerdem gibt es zahllose unterschiedliche Sorten von Gräsern: Manche sind zart und saftig, andere sind fest und widerstandsfähig, andere scheinen wild zu wuchern, sind aber die hübschesten von allen. Ganz gleich, wie dein Gras aussieht: Wichtig ist, dass es perfekt an die Umgebung angepasst ist, in der es wächst.

In Zeiten voller Düsternis, Unsicherheit und Schmerz kann es mitunter schwerfallen, sich auf das Positive zu konzentrieren, aber wenn man sich darin übt, kann es unsere Einstellung nachhaltig beeinflussen.

Und wenn man in der Lage ist, immer nur das Gute im Leben zu sehen, ist das das größte Geschenk von allen, das kann ich dir versichern. Unsere auf Konsum ausgerichtete Welt suggeriert uns laufend, wir bräuchten mehr, mehr, mehr … doch wirklich wünschenswert wäre, dass wir endlich begreifen, wie viel Schönheit uns bereits gegeben ist. Wenn wir uns für das Wenige dankbar zeigen, fahren wir umso reichere Ernte ein. Klingt paradox? Der Punkt ist der – wenn wir allein um des Habens willen immer mehr wollen, welches Ziel verfolgen wir dann letzten Endes? Einfach nur mehr Zeug anzuhäufen? Wir müssen nicht alles besitzen, sondern sollten uns mit dem begnügen, was unser Dasein hier auf Erden möglichst angenehm macht.

Man sehe sich so manchen Millionär oder Milliardär an: Viele von ihnen bestätigen, dass Ruhm und Reichtum sie letzten Endes nicht glücklich machen konnten. Wo soll das aufhören, wenn wir immer nur mehr wollen? Macht es das Leben lebenswerter? Entscheiden etwa materielle Besitztümer darüber, ob ein Leben gut oder schlecht ist? Ich bin da entschieden anderer Meinung.

Auch wenn dein persönlicher Rosenstrauch natürlich Dornen hat, möchte ich dich ermuntern, dir zu überlegen, wie unglaublich einzigartig und wunderschön die einzelnen Blüten sind. Während wir uns im ersten Kapitel mit dem Thema Dankbarkeit auseinandersetzen und an Projekten mit sich wiederholenden Mustern arbeiten, denk an all das Gute in deinem Leben. Du solltest ihm Raum geben und es schätzen lernen. Denk an die vielen kleinen Dinge, die du hast, und an die großen, die du mit deinen Lieben teilst. Aber allem voran denk an das größte Geschenk, das Leben selbst. Denn das ist doch wirklich etwas, wofür man dankbar sein kann.

„Bisweilen herrscht in unserem Leben Dunkelheit. Dann brauchen wir jemanden, der unsere Kerze wieder entfacht. Dazu reicht oft ein kleiner Funke. Jeder von uns hat einen Grund, anderen zutiefst dankbar zu sein, weil sie das Licht in uns wieder zum Leuchten gebracht haben."
—Albert Schweitzer

AUFGABE

Wenn du dich an die Muster in diesem Abschnitt machst, möchte ich, dass du Folgendes übst: Stecke alle deine positiven Energien und deine Dankbarkeit in die Projekte. Manch einer mag das mit dem Gebet vergleichen, und wenn du das tun möchtest, bete während der Arbeit an dem Geschenk für dessen Empfänger – ob das nun du selbst bist oder jemand anderer, spielt keine Rolle. Wenn dir der Vergleich mit dem Gebet allerdings nicht so behagt, richte deine Gedanken und Energien auf den Empfänger und auf die Dankbarkeit, die du für ihn empfindest. Solltest du eine Häkelarbeit für dich selbst machen, versuche, Dankbarkeit in deinem eigenen Leben zu finden. Fang mit dem Grundlegenden an: Du hast ein Dach über dem Kopf, Raum und Zeit für kreative Dinge, ausreichend zu essen. Dann dringe tiefer vor zu Bereichen in deinem Leben, wo sich der Anlass für Dankbarkeit nicht sofort erschließt. Du kannst den Dank laut aussprechen oder es im Stillen tun. Oder du versuchst einfach beides!

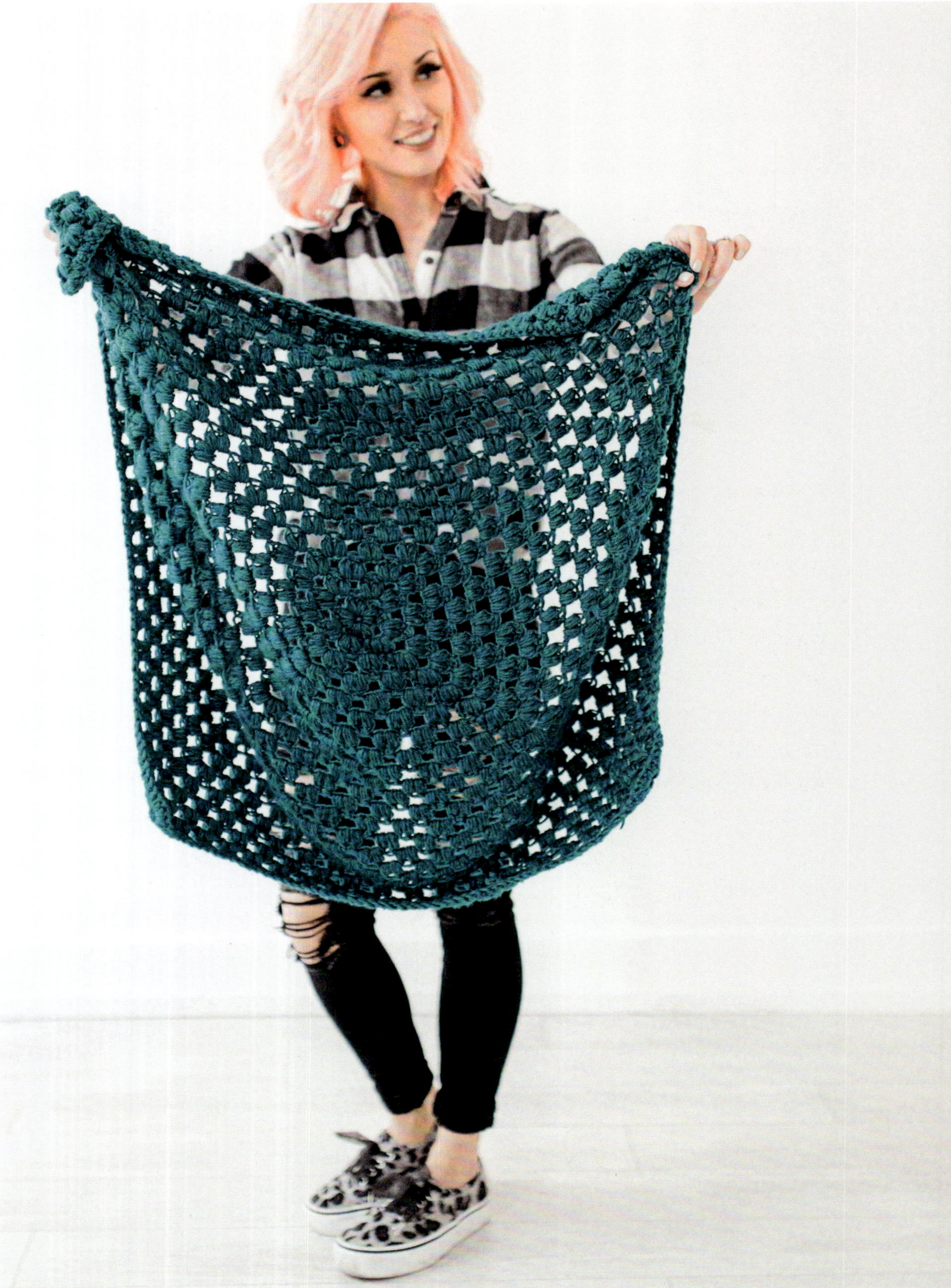

DECKE „DIAMANT“

Dankbarkeit ist eine Tugend, die ich meinen Kindern unbedingt beibringen möchte. Denn sind wir in der Lage, voller Dankbarkeit zu geben und zu nehmen und uns auch in stürmischen Zeiten auf diese Dankbarkeit zu besinnen, verleihen wir dem Leben einen tieferen Sinn. Ich habe diese wunderschöne petrolblaue Kuscheldecke für meine Kinder gehäkelt, dankbar, dass ich ihre Mutter sein darf, für die vielen Lektionen, die ich dank ihnen lerne, und für die Geschenke, die ich ihnen im Laufe ihres Lebens machen darf, sowohl in materieller wie in ideeller Hinsicht. Ich betrachte dieses Projekt als eine Art „Familienerbstück“ – solltest du diese Decke also für ein Kind häkeln, ganz gleich, ob es dein eigenes ist oder nicht, kannst du davon ausgehen, dass sie viele Jahre lang für Behaglichkeit und Dankbarkeit sorgen wird.

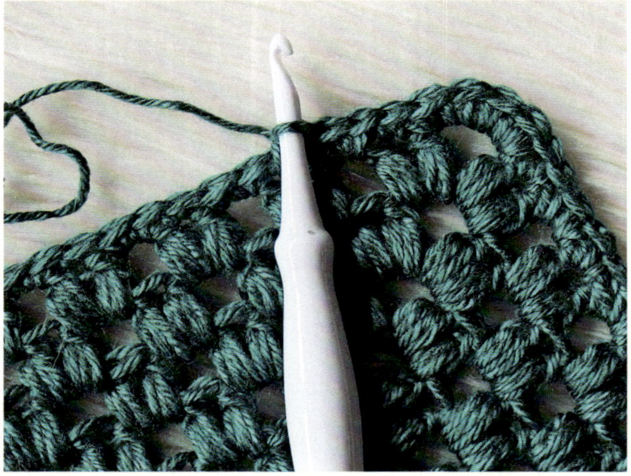

FERTIGMASS

76 cm x 76 cm

GARN

Lion Brand Heartland (100 % Acryl, 142 g): 4 Knäuel Fb 171 Cuyahoga Valley; oder Acrylgarn mit LL = 80 m / 50 g

NADEL

Größe 6,5 mm (US K/10,5)

MASCHENPROBE

13 M und 9 Rh = 10 x 10 cm in hStb

BESONDERE ABKÜRZUNGEN

Büschelmasche (BM) (siehe Seite 29)

DECKE

6 LM anschlagen. Mit KM in erste LM zum Ring schließen, ohne die LM-Kette zu verdrehen.

Rd 1: 2 LM, 4 mal (2 BM, 5 LM) nacheinander in den Ring; mit KM in 1. BM zum Ring schließen, KM über BM zur nächsten Lücke aus 5 LM.

Anmerkung: Wir arbeiten die Decke von innen nach außen. Die Ketten aus 3 LM bilden die Ecken.

Rd 2: 2 LM, (2 BM, 3 LM, 2 BM, 1 LM) in jede 5 Lücke aus 5 LM; KM zur ersten BM, KM über BM zur nächsten Lücke aus 3 LM.

Rd 3: 2 LM, *(2 BM, 3 LM, 2 BM) in Lücke aus 3 LM, 1 LM, BM in Lücke aus 1 LM, 1 LM; ab * über komplette Rd wiederholen; KM zur ersten BM, KM über BM zur nächsten Lücke aus 3 LM.

Rd 4: 2 LM, (2 BM, 3 LM, 2 BM, 1 LM) in jede Lücke aus 3 LM, (BM, 1 LM) in jede 1 Lücke aus 1 LM über komplette Rd; KM zur ersten BM, KM über BM zur nächsten Lücke aus 3 LM.

Runde 4 wiederholen, bis die Decke in etwa die Maße 74 auf 74 Zentimeter erreicht hat.

RAND

Rd 1: 1 LM, 5 fM in die Lücke aus 3 LM an der Ecke, *fM in 2. BM, 2 fM in Lücke aus 1 LM; ab * bis zur Ecke wiederholen, 5 fM in Lücke aus 3 LM an der Ecke**; von * bis ** wiederholen, bis die Rd voll ist; KM in erste fM.

Rd 2: 1 LM, fM in jede M der Rd. KM in erste fM.

Faden abschneiden und loses Ende vernähen.

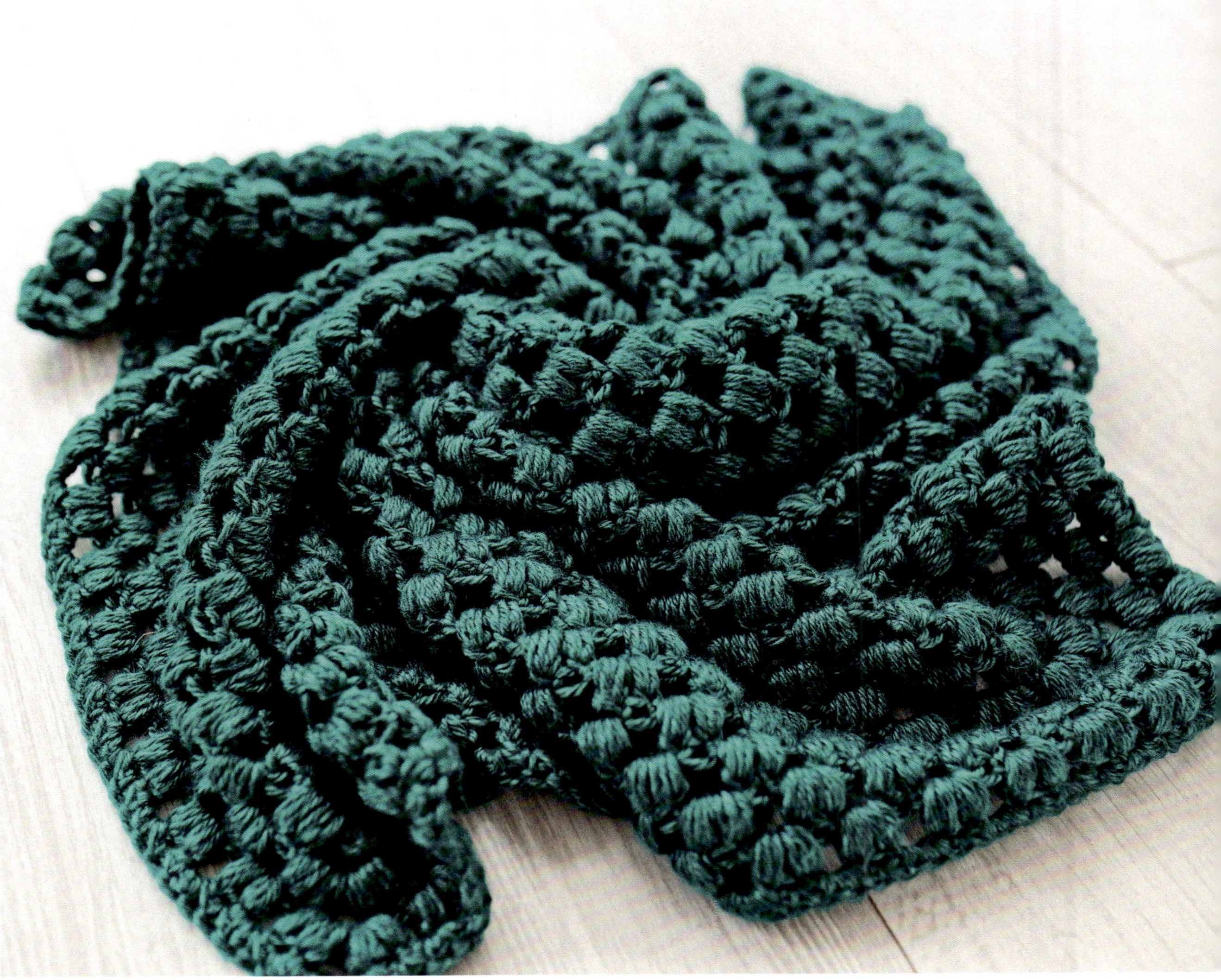

BEANIE „CHARLOTTE“

Charlotte ist wieder da! Sie hatte ihren ersten großen Auftritt 2016 in meinem Etsy-Shop, und jetzt kehrt sie aufgrund ihrer breiten Beliebtheit zurück (und nicht zuletzt, weil ich die Mütze zu meinen absoluten Favoriten zähle). Charlotte ist herrlich flauschig, und die verspielten Noppen machen sie unverwechselbar. Die perfekte Art, meine eigene Dankbarkeit zum Ausdruck zu bringen, dafür, dass ich als Designerin und Mensch in den vergangenen Jahren derart viel Zuspruch erhalten habe.

Denke während der Arbeit an diesem Stück gerne an alles, was in deinen Augen Dankbarkeit verdient. Wenn wir genau hinsehen, erkennen wir, wie weit wir im Grunde gekommen sind und wie jeder Augenblick dazu beigetragen hat, uns an den Punkt zu bringen, wo wir heute stehen – und das allein ist es doch wert, dankbar zu sein.

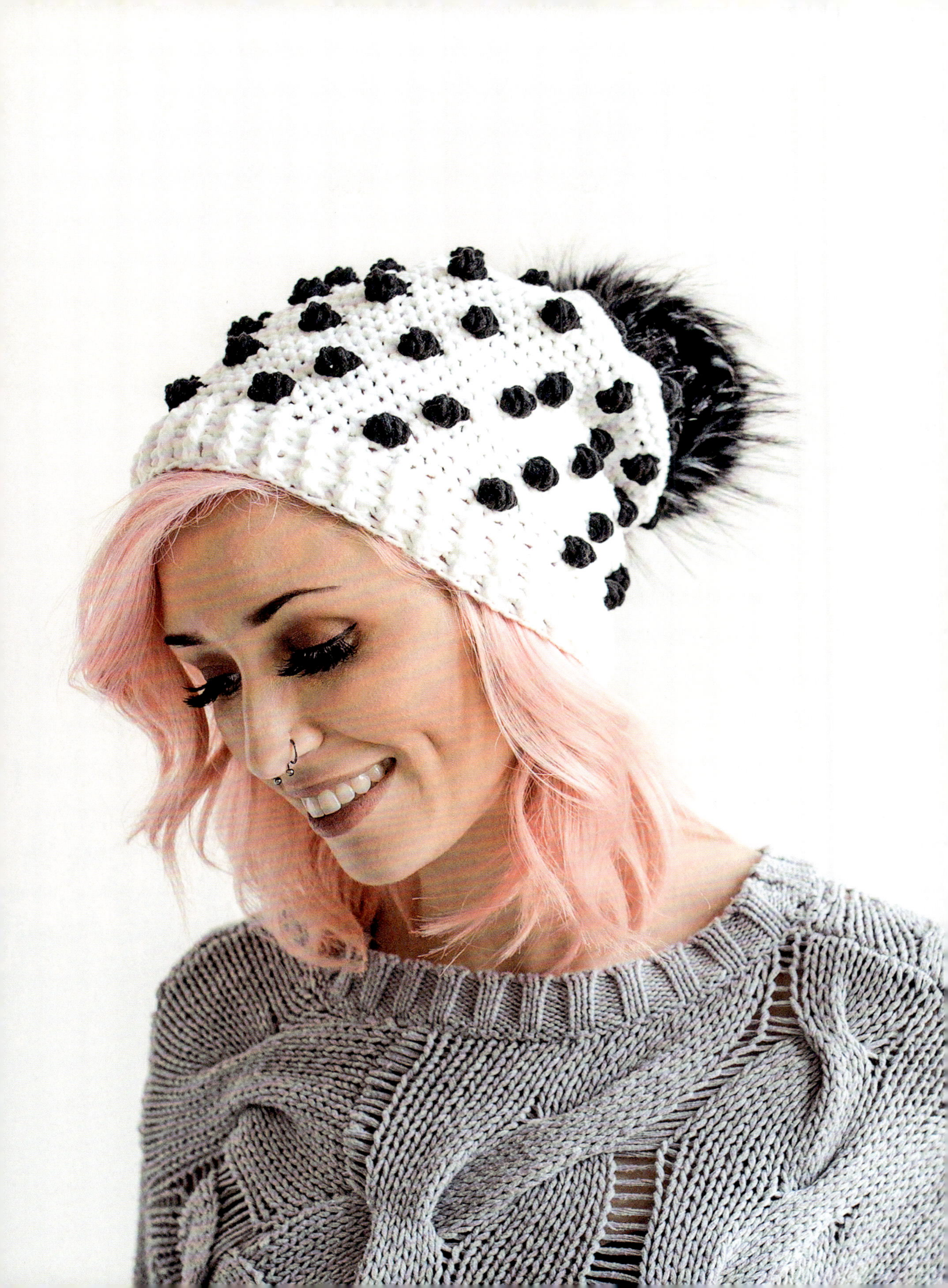

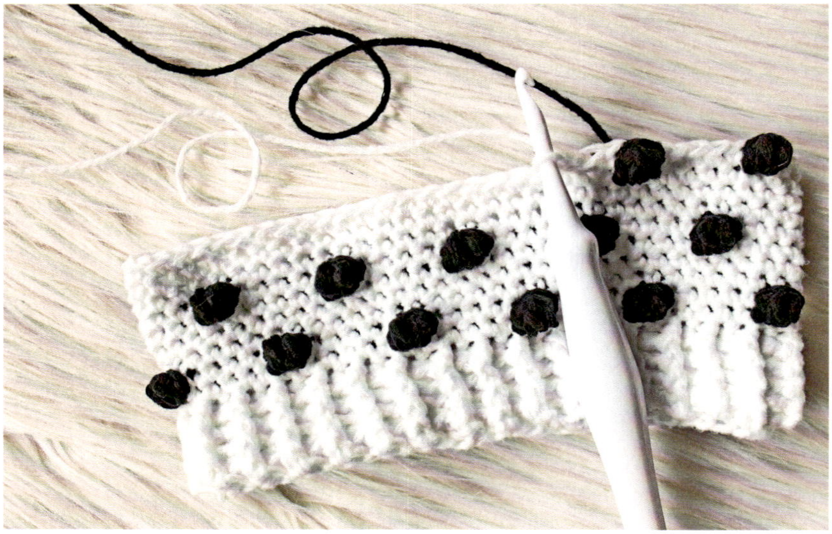

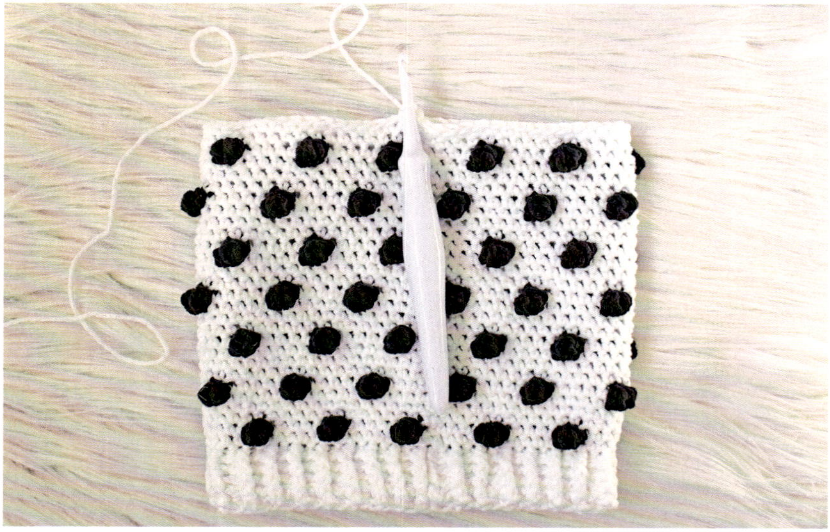

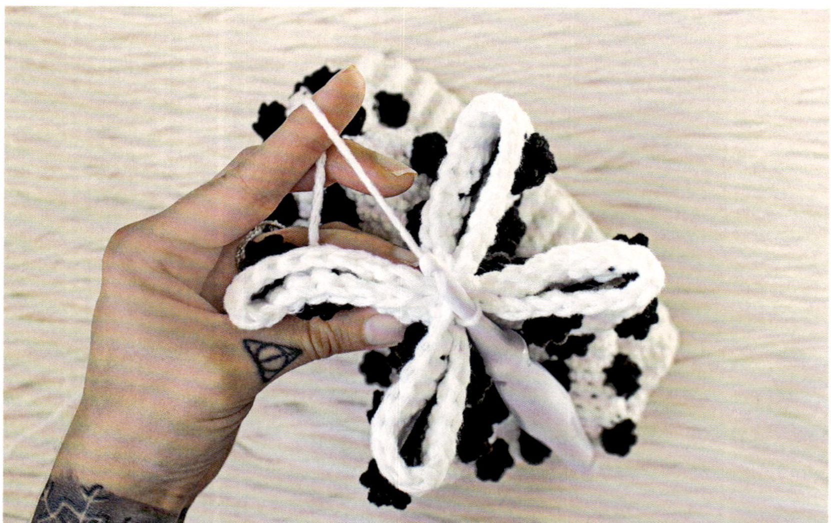

GRÖSSEN

Kleinkind (Kind, Erwachsener)

FERTIGMASS

20 (22, 24) cm x 21 (22, 23) cm (Breite mal Höhe)

GARN

Lion Brand Feels Like Butta (100 % Polyester; 100 g): je 1 Knäuel Fb 100 Weiß (Farbe A) und Fb 153 Schwarz (Farbe B); oder Polyestergarn mit LL = 100 m / 50 g

NADEL

Größe 6 mm (US J/10)

ZUZSÄTZLICH

Pompon

MASCHENPROBE

15 M und 17 Rh = 10 x 10 cm in fM

BESONDERE ABKÜRZUNGEN

Noppe (N) (siehe Seite 30)
halbes Reliefstäbchen vorn (hRStbv)
halbes Reliefstäbchen hinten (hRStbh)
Anmerkung: Die letzte Masche vor den kontrastierenden Noppen wird etwas anders gearbeitet. Beim letzten Umschlag wechselt man zu Farbe B, ehe man die Masche zu Ende bringt. Beim letzten Umschlag der Noppe wechselt man wiederum zu Farbe A und bringt die Masche damit zu Ende. So geraten die beiden Farben nicht durcheinander.

BEANIE

Mit Farbe A 60 (66, 72) LM anschlagen. Mit KM in erste LM zum Ring schließen, ohne die LM-Kette zu verdrehen.
Rd 1: 1 LM, 1 hStb in jede LM; KM in 1. hStb – 60 (66, 72) hStb.
Rd 2: 1 LM, *hRStbv, hRStbh; ab * über komplette Rd wiederholen; KM in 1. hRStbv.
Rd 3–6: Wie Rd 2.
Note: Man arbeitet zu Rundenbeginn abwechselnd in die gleiche M wie die KM und in die 1. fM. So verhindert man einen schräg verlaufenden Übergang. Am besten zählt man bei jeder Rd die M mit, damit man nicht versehentlich M zunimmt und/oder verliert. Die Maschenzahl ist gleichbleibend.

Rd 7: 1 LM, fM in die gleiche M wie KM, fM über komplette Rd; KM in 1. FM.

Rd 8: 1 LM, fM in nächste M, mit Farbe B eine N in nächste M, *mit Farbe A fM in nächste 5 M, mit Farbe B 1 N in nächste M; ab * bis zu letzten 4 M wiederholen, mit Farbe A fM in letzte 4 M; KM in 1. fM.

Rd 9–11: 1 LM, fM über komplette Rd; KM in 1. fM.

Rd 12: 1 LM, fM in erste 4 M, mit Farbe B N in nächste M, * mit Farbe A fM in nächste 5 M, mit Farbe B N in nächste M; ab * über komplette Rd bis zur letzten M wiederholen, fM in letzte M; KM in 1. fM.

Rd 13–15: Wie Rd 9.

Rd 8-15 wiederholen, bis die Mütze eine Länge von 20 (23, 25) cm hat.

Nächste 2 Rd: Wie Rd 9.

FERTIGSTELLUNG

Orientiere dich an den Fotos und falte die Mütze in der Mitte wie abgebildet. Verbinde nun die jeweils gegenüberliegenden Seiten mittels einer KM. Bringe als Nächstes die äußeren Ecken zur Mitte und fixiere auch sie mit einer KM. So entsteht eine Art Blüte aus vier Blütenblättern. Bringe erneut die Ecken zur Mitte und verbinde sie mit einer KM. Man erhält acht Blütenblätter. Befestige alle acht Blütenblätter mit einer KM in der Mitte. Zum Schluss mit einer KM zum Ring schließen. Faden abschneiden und vernähen.

Optional: Wer mag, näht noch einen Pompon an die Mütze!

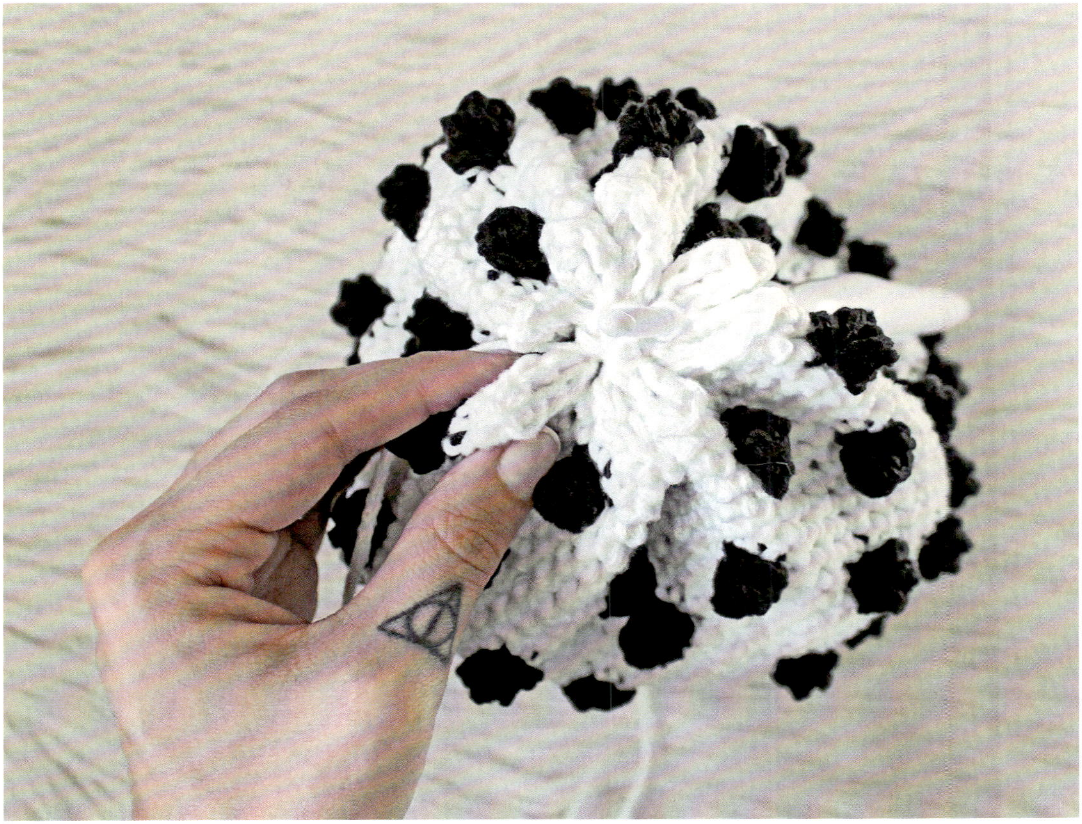

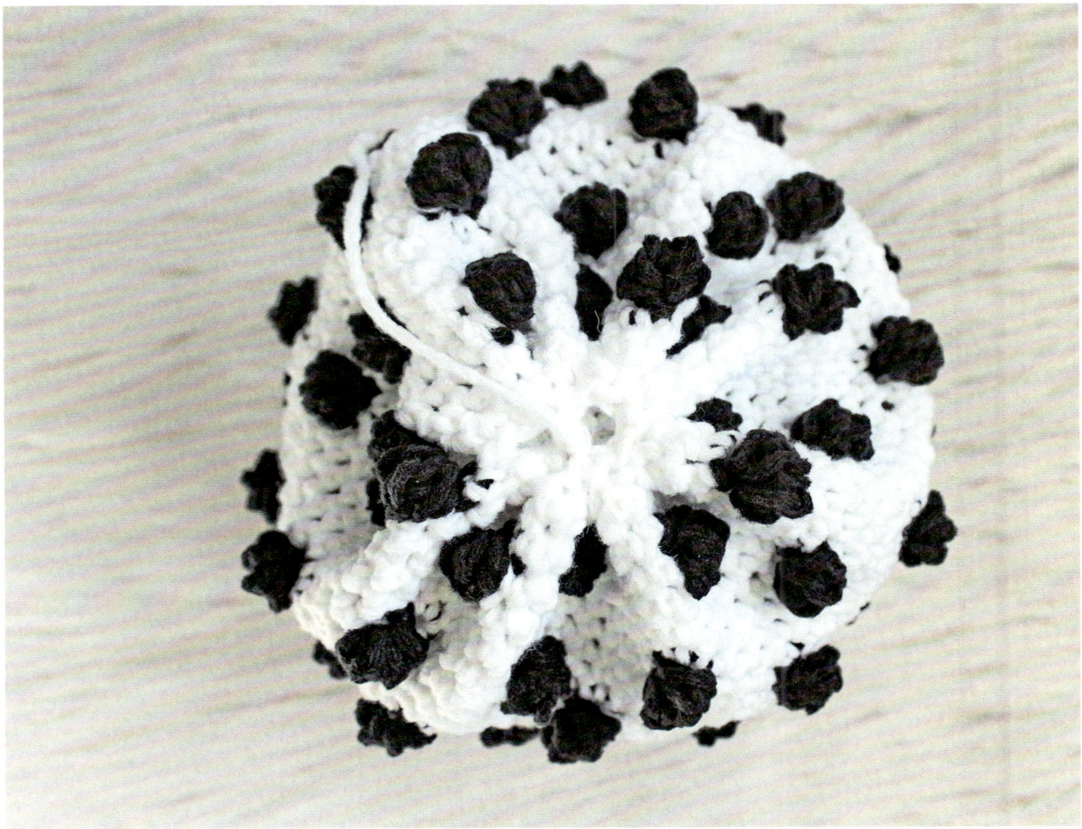

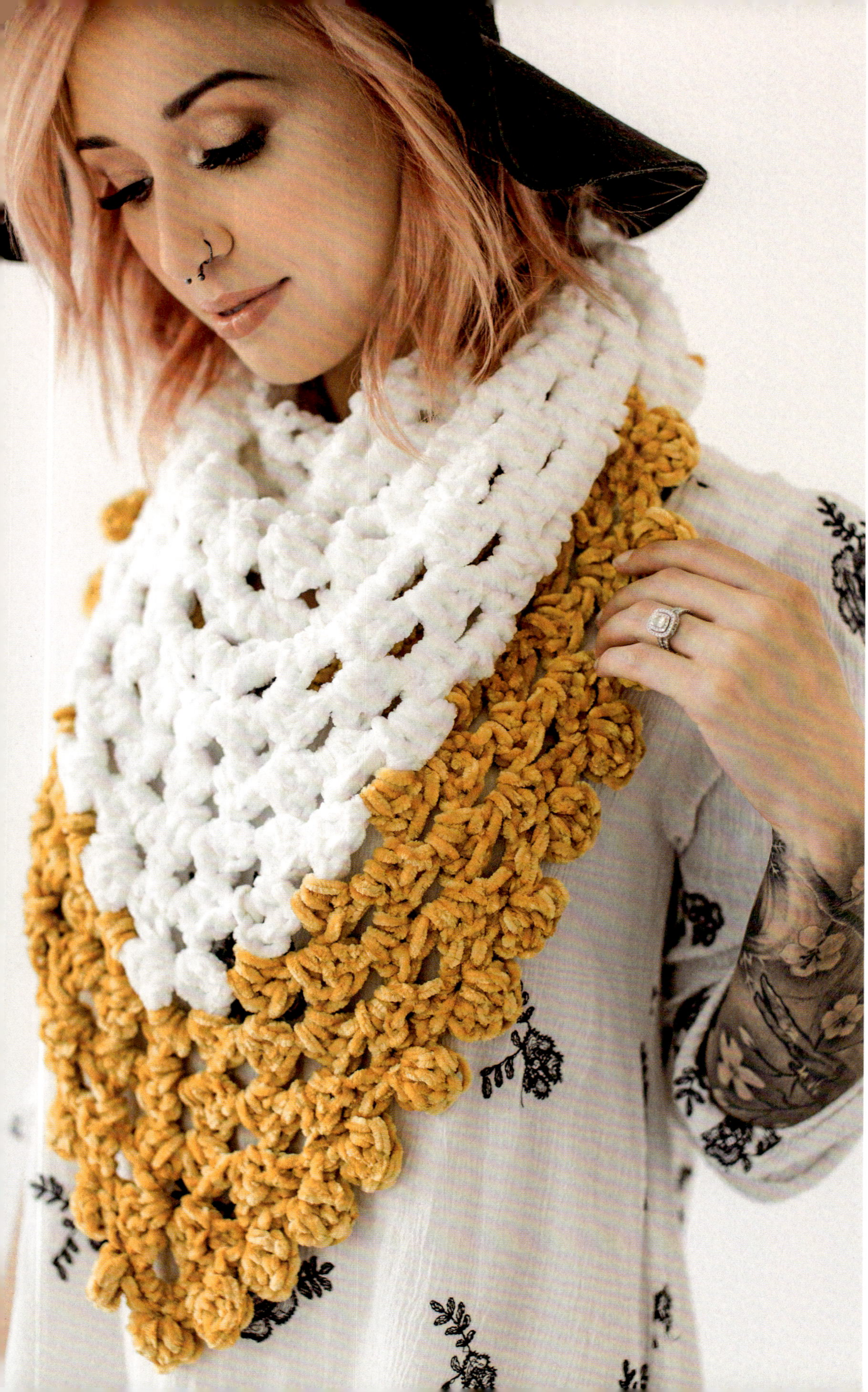

SCHAL „BROMBEERE“

Wer fähig ist, dankbar zu sein, hat die Kontrolle über sein Leben – denn wer selbst in den schwierigsten Situationen den Lichtstreif am Horizont nicht aus den Augen verliert, ist klar im Vorteil. Schließlich weiß derjenige, dass sich inmitten von wertlosen Steinen immer wieder Diamanten finden. Jetzt ist die Gelegenheit, sich zu überlegen, wie stark ein Leben voller Dankbarkeit uns Menschen macht.

Auch hier haben wir es mit einem Muster zu tun, das sein Comeback seiner großen Popularität verdankt. Nur das Garn ist neu. Diesmal habe ich mich für eine samtige Wolle entschieden, denn mal ehrlich, gibt es irgendetwas, das weicher wäre? Und dabei gleichzeitig ein echter Hingucker ist? Das gute Stück ist wunderbar luxuriös und erstaunlich wandlungsfähig, da man es sowohl als Schal als auch als Schultertuch tragen kann (wie ich es am liebsten tue). Ein Projekt mit sehr viel Hygge-Flair. Bereit, meine Lieben?

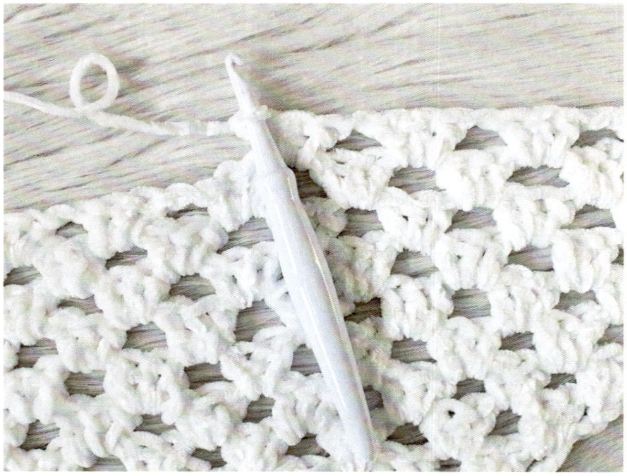

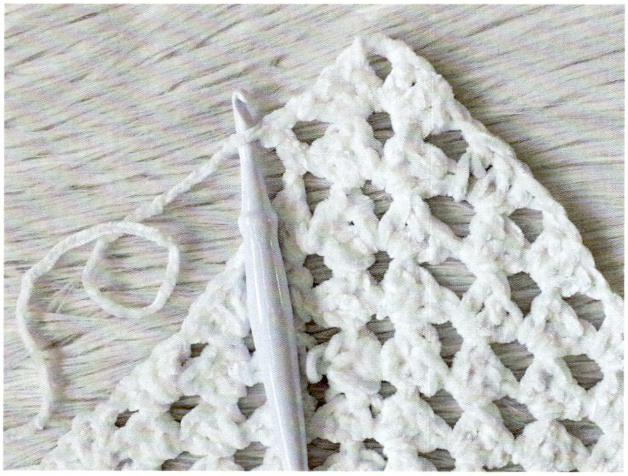

FERTIGMASS

127 cm x 58,5 cm (Breite mal Länge)

GARN

Bernat Velvet (100 % Polyester, 300 g): je 1 Knäuel Weiß (Farbe A) und Golden Moss (Farbe B); oder Polyestergarn mit LL = 50 m / 50 g

NADEL

Größe 8 mm (US L/11)

MASCHENPROBE

9 M und 5 Rh = 10 x 10 cm in Stb

SCHAL

Mit Farbe A 5 LM anschlagen, mit KM zum Ring schließen.

Rh 1: 4 LM (zählt hier und im Weiteren als 1 Stb und 1 Lücke aus 1 LM), (3 Stb, 3 LM, 3 Stb, 1 LM, 1 Stb) in Ring arbeiten.

Rh 2: 4 LM, wenden, 3 Stb in Lücke aus 1 LM, 1 LM, (3 Stb, 3 LM, 3 Stb) in Lücke aus 3 LM, 1 LM, (3 Stb, 1 LM, 1 Stb) in letzte Lücke aus 1 LM.

Rh 3: 4 LM, wenden, 3 Stb in 1. Lücke aus 1 LM, 1 LM, *3 Stb in nächste Lücke aus 1 LM, 1 LM; ab * bis zur zentralen Lücke aus 3 LM wiederholen, (3 Stb, 3 LM, 3 Stb) in Lücke aus 3 LM, 1 LM, **3 Stb in nächste Lücke aus 1 LM, 1 LM; ab ** bis zur letzten Lücke aus 1 LM wiederholen, (3 Stb, 1 LM, 1 Stb) in letzte Lücke aus 1 LM.

Rh 4–17: Wie Rh 3.

Zu Farbe B wechseln. Neues Garn mit letzter gearbeiteter M verbinden.

Rh 18–21: Wie Rh 3.

Rh 22: 1 LM, wenden, fM in jede M und jede Lücke aus 1 LM bis zur zentralen Lücke aus 3 LM, 5 fM in Lücke aus 3 LM, fM in jede M und jede Lücke aus 1 LM bis zum Ende.

Rh 23: 1 LM, wenden, KM in 1. M, (KM, 4 Stb, KM) in nächste M, *KM in nächste 3 M, (KM, 4 Stb, KM) in nächste M; ab * bis zur letzten M wiederholen, KM in letzte M. Faden abschneiden und vernähen.

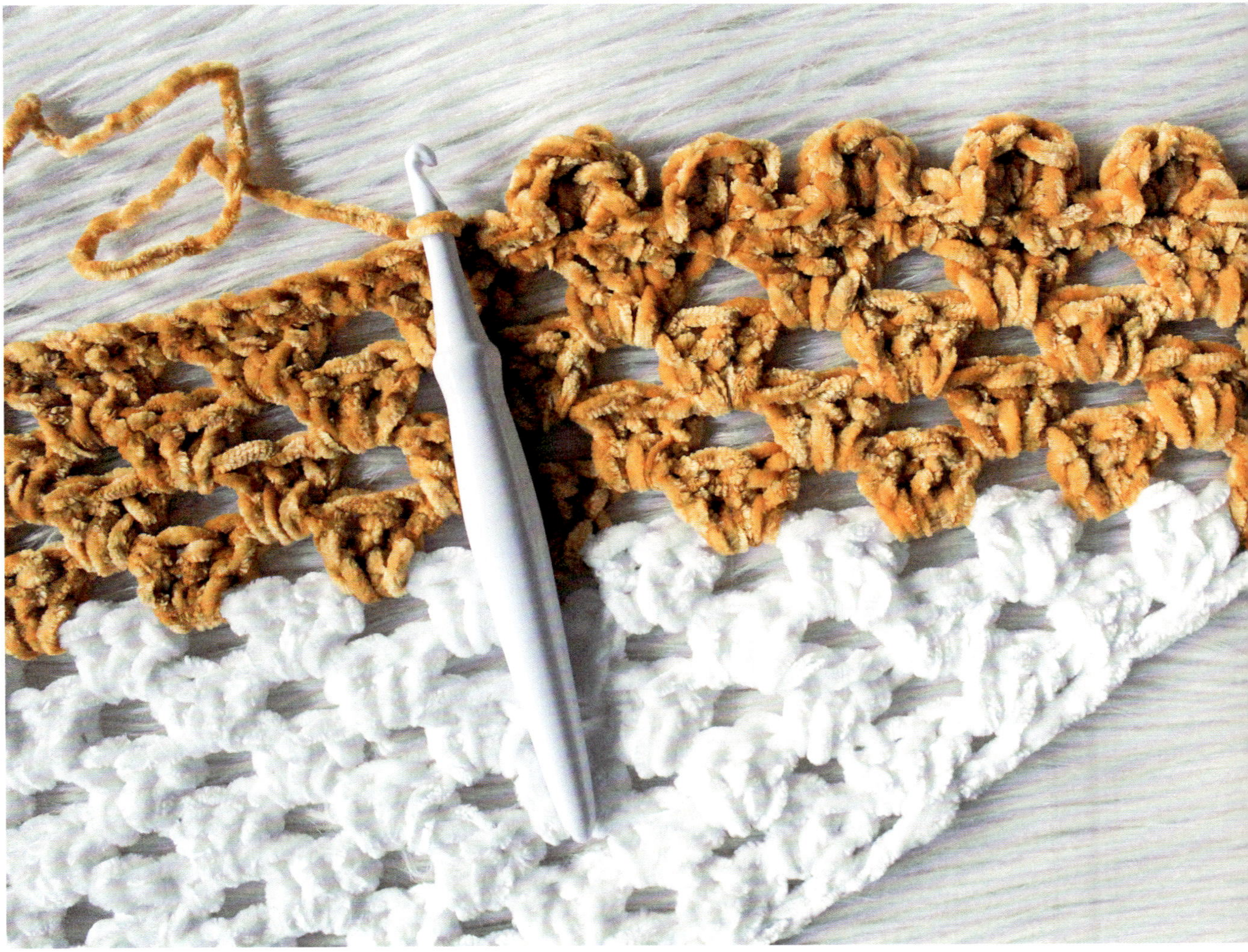

OHRENWÄRMER „TWIST“

Dieses Stirnband mit dem raffinierten Dreh ist ein umwerfend schönes und für Anfänger ideal geeignetes Accessoire aus samtigem Garn. Es ist ein unverzichtbarer Begleiter an Bad-Hair-Days (Hand aufs Herz, niemand bleibt verschont!) und hält die Ohren mollig warm. Das gute Stück ist in gerade mal einer Stunde fertig und verleiht jedem noch so alltäglichen Outfit genau die richtige Portion Drama.

Das Stirnband ist aber mehr als nur ein schickes Accessoire: Nutze es ruhig als Erinnerung daran, fokussiert zu bleiben, den Kopf nicht hängen zu lassen und nie zu vergessen, dankbar zu sein.

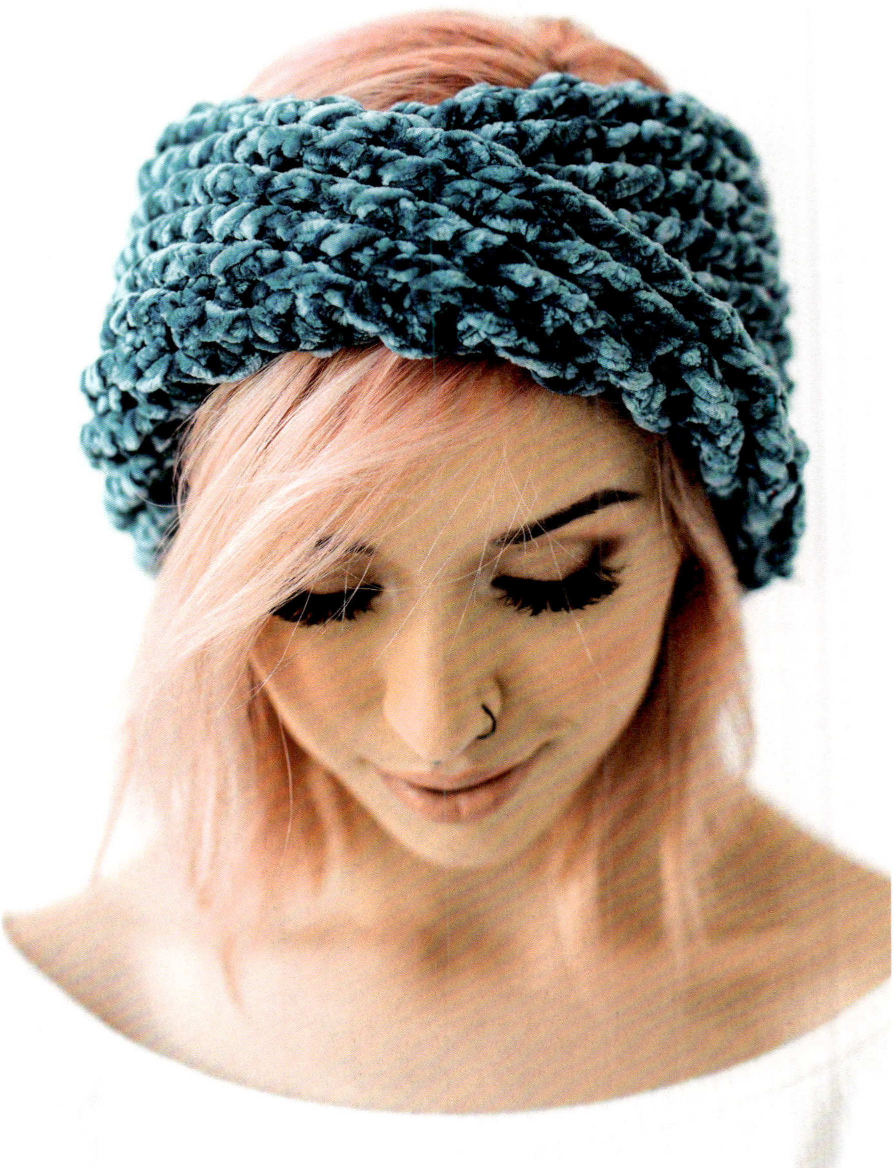

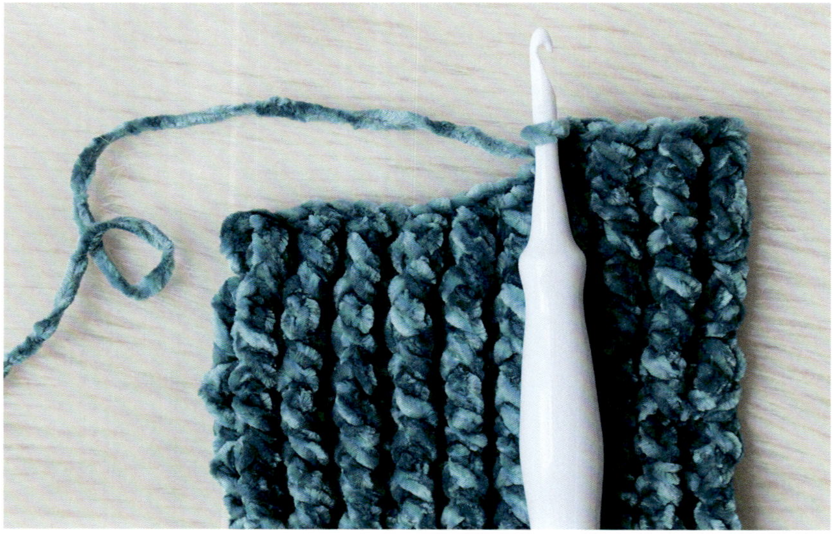

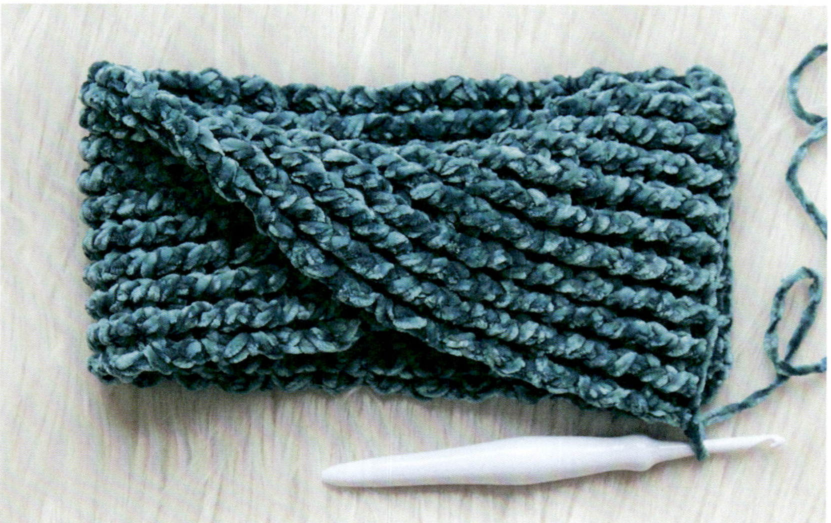

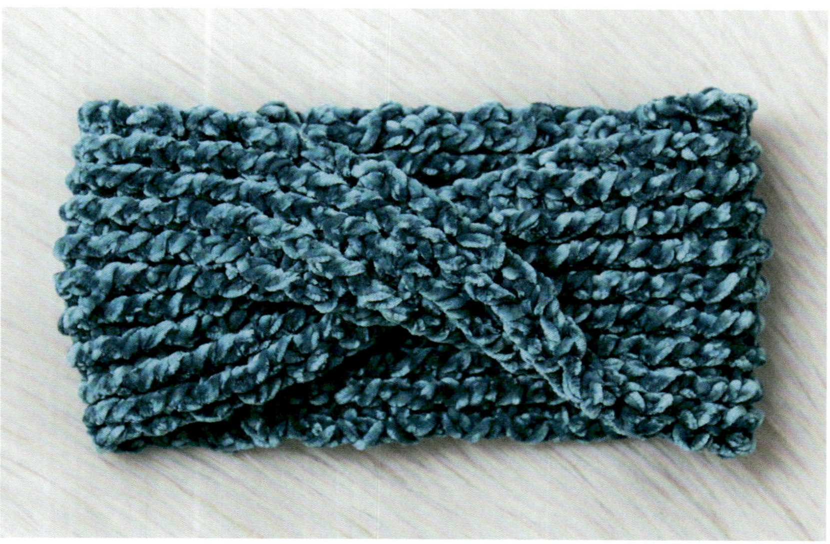

GRÖSSEN

Kleinkind (Kind, Erwachsener)

FERTIGMASS

7,5 (10, 14) cm x 43 (48, 53) cm (Breite mal Länge)

GARN

Bernat Velvet (100 % Polyester, 300 g): 1 Knäuel Fb 05 Velveteal; oder Polyestergarn mit LL = 50 m / 50 g

NADEL

Größe 6,5 mm (US K/10,5)

MASCHENPROBE

15 M und 10 Rh = 10 cm in hRStbv/hRStbh

BESONDERE ABKÜRZUNGEN

halbes Reliefstäbchen vorn (hRStbv)
halbes Reliefstäbchen hinten (hRStbh)

STIRNBAND

11 (15, 21) LM anschlagen.

Rh 1: Beginnend bei der 2. LM ab Nadel hStb in jede LM – 10 (14, 20) hStb.

Rh 2: 1 LM, wenden, *hRStbv, hRstbh; ab * bis zum Ende wiederholen.

Rh 2 wiederholen, bis die Häkelarbeit eine Länge von 43 (48, 53) cm hat. Faden nicht abschneiden.

FERTIGSTELLUNG

Lege das rechteckige Stück flach auf eine Arbeitsfläche. Greife eines der kurzen Enden und verdrehe es in sich. Falte das Rechteck zur Mitte hin und verbinde die beiden kurzen Enden. 1 LM, kurze Enden mit KM durchgehend verbinden. Faden abschneiden und vernähen.

WOHLFÜHLSCHAL „SEELENHEIL“

Sicher gibt es im Leben Momente, da wächst einem alles über den Kopf. Dann vergisst man schnell, wie wundervoll das Alltägliche sein kann – wir werden blind für das Gute direkt vor unserer Nase. Indem wir uns bewusst dafür entscheiden, freudvolle Momente, die wiederum Heilung fördern, anzuerkennen und zuzulassen, machen wir einen ersten Schritt hin zu einer achtsameren Lebensweise. Beschenke dich selbst mit diesem Seelentröster und hülle dich ein in Dankbarkeit, Liebe und Bewusstheit.

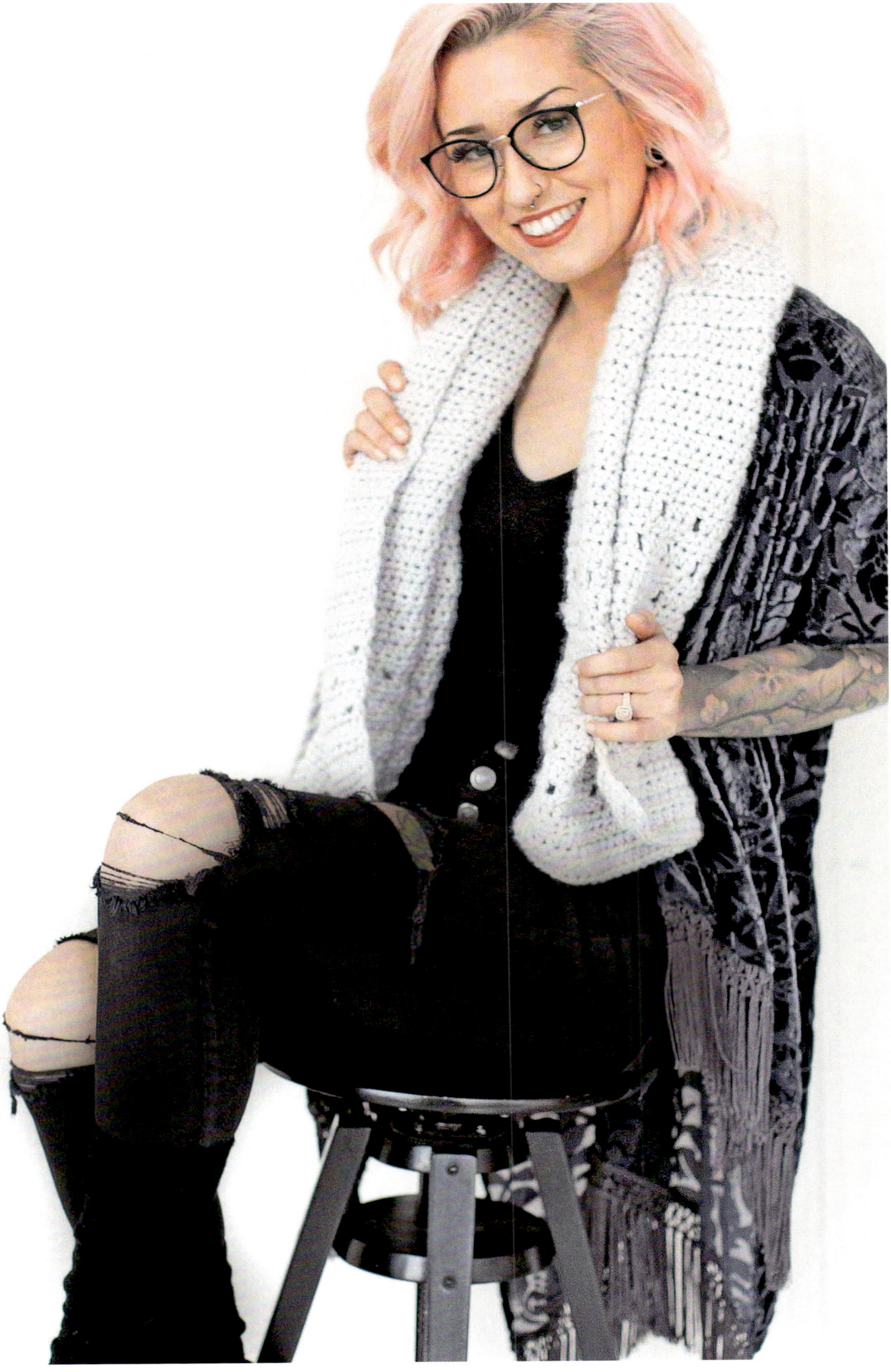

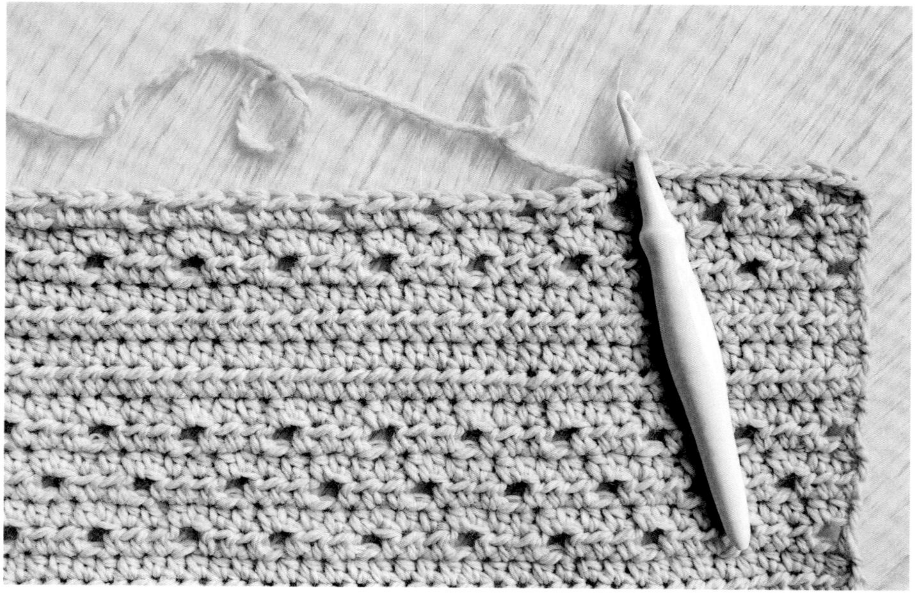

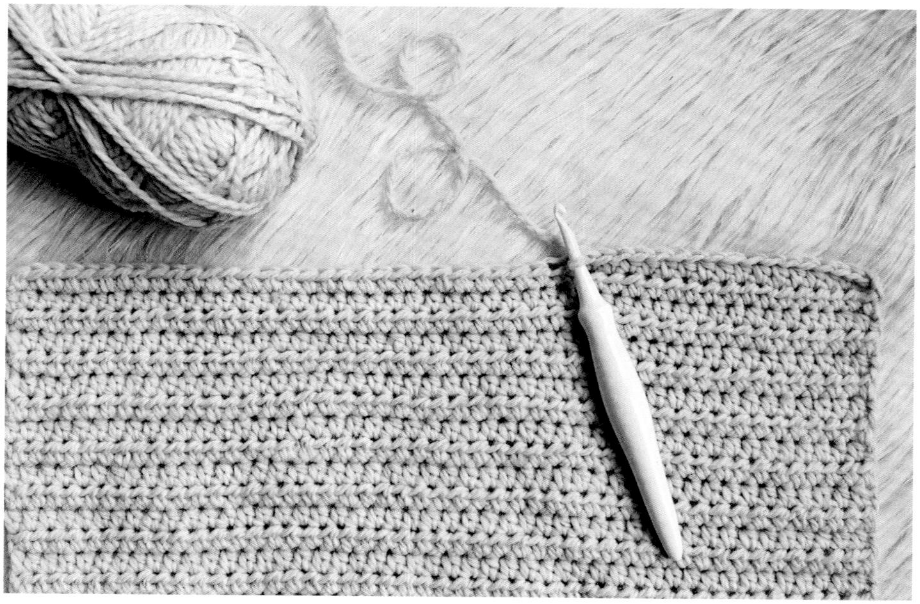

FERTIGMASS

44 cm x 142 cm (Breite mal Länge)

GARN

The Hook Nook Yummy (80 % Acryl/20 % Wolle, 300 g): 2 Knäuel Like a Dove; oder Mischgarn mit LL = 85 m / 50 g

NADEL

Größe 6,5 mm (US K/10,5)

MASCHENPROBE

11 M und 8 Rh = 10 x 10 cm in hStb

Anmerkungen:

Die 1 LM zu Beginn jeder Reihe zählt nicht als M.

1 LM zählt auch nicht als M, wenn sie in der Mitte einer Reihe eingearbeitet wird, um eine M zu überspringen. Insgesamt sollte man am Ende 112 Rh gearbeitet haben, der Schal sollte eine Länge von 142 cm haben. Wer es länger wünscht, arbeitet in der Mitte ein paar zusätzliche Rh ein bzw. weniger für ein kürzeres Exemplar.

SCHAL

48 LM anschlagen.

Rh 1: hStb in die 2. LM ab Nadel und in jede weitere – 47 hStb.

Rh 2–5: 1 LM, wenden, hStb in jede M der Rh.

Rh 6: 1 LM, wenden, hStb in 1. M, *1 LM, nächste M überspr, hStb in nächste 3 M; ab * bis zu letzten beiden M wiederholen, 1 LM, nächste M überspr, hStb in letzte M.

Rh 7: 1 LM, wenden, hStb in 1. M, *hStb in Lücke aus 1 LM, hStb in nächste 3 M; ab * bis zur letzten Lücke aus 1 LM wiederholen, hStb in Lücke aus 1 LM, hStb in letzte M.

Rh 8: 1 LM, wenden, hStb in die ersten 3 M; *1 LM, nächste M überspr, hStb in nächste 3 M; ab * bis zum Ende wiederholen.

Rh 9: 1 LM, wenden, hStb in die ersten 3 M, *hStb in nächste 3 M; ab * bis zum Ende wiederholen.

Rh 10: Wie Rh 6.

Rh 11: Wie Rh 7.

Rh 12–15: Wie Rh 2.

Rh 16–21: Wie Rh 6-11.

Rh 22–81: 1 LM, wenden, hStb in jede M. Rh 6-21 wiederholen.

Rh 2 5-mal wiederholen.

Faden abschneiden und vernähen.

Und vergiss nicht, zwischendurch die samtige Wolle an deine Wange zu halten, um dich auf den Zustand der Achtsamkeit zu besinnen und den eigenen Gedanken wieder bewusster nachzugehen.

PERSPEKTIVE & ACHTSAMKEIT

Eine der wichtigsten Lektionen, die ich in den vergangenen Jahren gelernt habe, ist die, stets offen für neue Perspektiven zu sein. Wir erleben als Individuen Unterschiedliches, jeder hat einen anderen Background, jeder steht anders da, und deshalb ist es kein Wunder, dass wir die gleichen Dinge völlig unterschiedlich beurteilen. Mittlerweile weiß ich, dass es nicht automatisch heißt, dass jemand falsch gewickelt ist, nur weil er die Dinge anders sieht. Möglicherweise liegt man ja selbst im Unrecht?

Manchmal zwingt einen ein neuer Input dazu, die eigene Einstellung zu überdenken, und dann trifft einen die Erkenntnis wie ein Schlag ins Gesicht: Plötzlich muss man alles, was man zu wissen glaubte, einer völlig neuen Bewertung unterziehen. Glücklicherweise habe ich begriffen, dass ich nicht zwangsläufig ein schlechter Mensch bin, nur weil ich mich in einer Sache geirrt habe: Es bedeutet lediglich, dass ich die Dinge bislang nicht in diesem Licht betrachtet habe.

„Gib dein Bestes, bis du es besser weißt. Dann, wenn du es besser weißt, mach´s besser."
- Maya Angelou

Die Reise jedes Einzelnen verläuft anders, das liegt in der Natur der Sache. Die Frage ist nur: Inwieweit erreicht man persönliches Wachstum, wenn man nicht bereit ist, Wachstumsschmerzen in Kauf zu nehmen? Wer es schafft, die eigene Perspektive notfalls anzupassen, und sich eingesteht, dass man nicht in allem perfekt sein kann, kommt viel schneller voran.

Ist dir aufgefallen, dass das Leben einen seine Lektionen auf ganz unterschiedliche Weisen lehrt? Es gibt Erkenntnisse, die sind von viel größerer Tragweite, wenn wir bereit sind, sie bewusst wahrzunehmen und zu verstehen. Sobald sich uns eine völlig neue Perspektive präsentiert, haben wir mehrere Möglichkeiten. Wir können uns aktiv dafür entscheiden, uns mit dieser neuen Sichtweise auseinanderzusetzen, und dann beschließen, dass sie nicht in unser Weltbild passt. Oder wir kommen zu dem Schluss, dass sie durchaus eine Überlegung wert ist. Wenn wir einen neuen Gedanken allerdings von vornherein ablehnen, verpassen wir leider die wertvolle Gelegenheit, daran zu wachsen.

Ich möchte dich bitten, dich im Folgenden darauf zu konzentrieren, gedanklich offen zu bleiben. Ich möchte, dass du dir eingestehst, dass du unmöglich alles wissen kannst. Ich möchte, dass du diese Maschen arbeitest und deinen Gedanken dabei freien Lauf lässt. Lass sie ruhig ganz neue Wege gehen. Hat in letzter Zeit vielleicht jemand etwas gesagt, das bei dir auf Anklang gestoßen ist? Warst du in einer Situation, die dringend noch einmal überdacht werden sollte, und zwar völlig unvoreingenommen?

Ich weiß, wie abschreckend schwer es ist, sich einzugestehen, dass man vielleicht nicht in allem richtig liegt, aber ich habe festgestellt, dass es sehr erhellend und befreiend sein kann, sich mit neuen Vorstellungen und Denkweisen auseinanderzusetzen. Wir müssen nicht gleich mit jeder Ansicht hundertprozentig einverstanden sein, aber allein die Bereitschaft, über eine neue Idee nachzudenken, ist eine wertvolle Gabe.

Versuche im Rahmen dieses Kapitels neue Sichtweisen auszutesten, dich mit deinen persönlichen Baustellen auseinanderzusetzen und die Person zu werden, die du sein möchtest. Als „Maker" haben wir die Möglichkeit, aus einfachsten Materialien etwas zu erschaffen. Wir können einer Idee Leben einhauchen oder einen Traum Realität werden lassen. Neue Perspektiven inspirieren zu neuen Ideen und zu einer neuen Sicht auf die Welt um uns herum.

Du bist dazu in der Lage, auch die schwersten Hürden zu nehmen. Ich glaube fest an dich. Allerdings nur, weil ich zunächst einmal an mich selbst geglaubt habe.

„Du bist der Himmel. Alles andere ist nur das Wetter."
- Pema Chödrön

„Die beste Möglichkeit, Momente einzufangen, ist, aufmerksam zu bleiben. So kultivieren wir unsere Achtsamkeit."
- Jon Kabat-Zinn

AUFGABE

Achtsamkeit – jene Technik, bei der man der eigenen Atmung und den eigenen Gefühlen, Gedanken und körperlichen Empfindungen verstärkt Aufmerksamkeit schenkt und sich auf den gegenwärtigen Moment konzentriert – ist ein unheimlich wirksames Werkzeug für emotionale Gesundheit und Heilung. Wie wäre es, wenn du das nächste Mal, wenn du dich mit deinen Häkelsachen aufs Sofa setzt, deine gesamte Aufmerksamkeit auf das Garn richtest? Wie fühlt es sich an? Während deine Hände die Bewegungen wie automatisiert ausführen, könntest du dich auf deine Atmung konzentrieren und deine Gedanken kommen und wieder ziehen lassen, ganz ohne negative Gefühle. Denn sogar ein Hobby wie Handarbeiten kann unheimlich wohltuend für die Seele sein. Gehe die Projekte in diesem Abschnitt ganz bewusst in dem Bestreben an, dir selbst etwas Gutes zu tun, und beobachte, wie du davon profitierst.

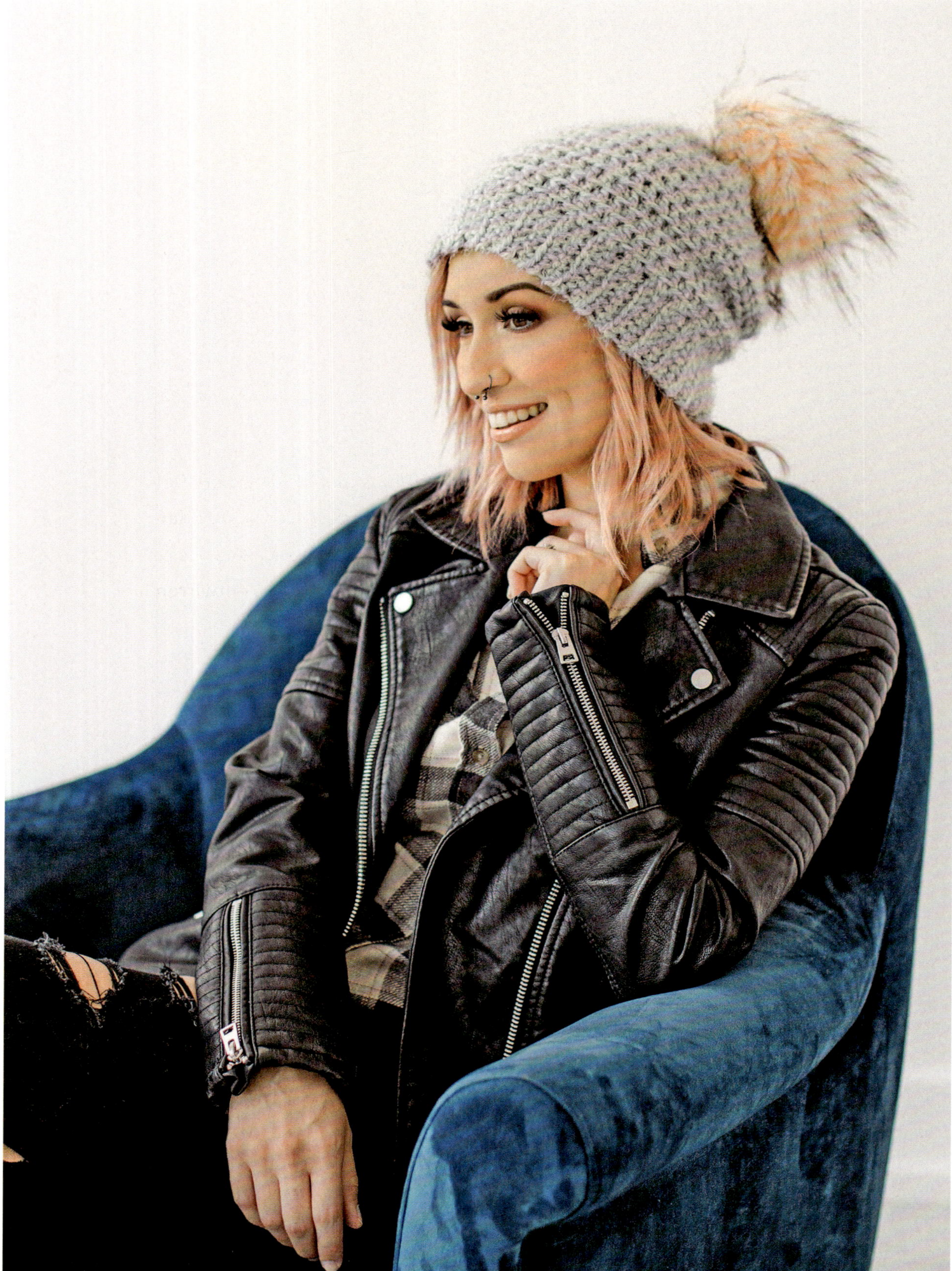

WOHLFÜHL-BEANIE „HYGGE FOREVER“

Die Beanie „Forever Hygge“ ist der ideale Ausgangspunkt für unsere Reise hin zu mehr Achtsamkeit in unserem Tun, zumal das Garn so wunderbar glatt und weich durch die Finger gleitet. Das repetitive Muster schafft den nötigen Raum dafür. Glaub mir, die eigenen Gedanken zu entwirren bringt letzten Endes vielleicht sogar ein wunderbares Meisterwerk in dir zum Vorschein, von dessen Existenz du bislang nichts geahnt hast – aber es liegt ganz bei dir, es sichtbar zu machen.

Fülle deinen Brustraum mit deinem Atem, dann beobachte, wie er sich nach und nach leert, während du die Luft entweichen lässt. Das ist ein sehr guter Anfang. Und jetzt lass uns loslegen.

	ANFANGS-LUFT-MASCHEN	LÄNGE BEANIE-HAUPTTEIL	LÄNGE BUND
BABY	4	15 cm	38 cm
KLEINKIND	4	18 cm	40,5 cm
KIND	5	20 cm	43 cm
8–12 JAHRE	6	23 cm	46 cm
TEENAGER	7	25 cm	48 cm
ERWACHSENER	7	25 cm	51 cm

GRÖSSEN

Baby (Kleinkind, Kind, 8–12 Jahre, Teenager, Erwachsener)

FERTIGMASS

Siehe Tabelle oben.

GARN

Red Heart Hygge (70% Acryl/30 % Nylon, 141 g): 1 Knäuel Fb 8339 Cloud; oder Mischgarn mit LL = 45 m / 50 g

NADEL

Größe 6,5 mm (US K/10,5)

ZUSÄTZLICH

Pompon (optional)

MASCHENPROBE

12 M und 8 Rh = 10 x 10 cm in hRStbh

BESONDERE ABKÜRZUNGEN

halbes Reliefstäbchen hinten (hRStbh)

Anmerkung: Wir beginnen mit dem Bund der Mütze in der gewünschten Länge und verbinden dann die kurzen Seiten zum Ring, ohne den Faden danach abzuschneiden. Anschließend arbeiten wir in Runden, bis die Mütze die gewünschte Länge hat. Zu guter Letzt schließen wir das obere Ende der Mütze, indem wir es mittels KM zusammenziehen.

BUND

4 (4, 5, 6, 7, 7) LM anschlagen.

Rh 1: fM in 2. LM ab Nadel und in jede weitere LM.

Rh 2: 1 LM, wenden, fM in jede weitere M. Rh 2 wiederholen, bis man die gewünschte Länge (siehe Tabelle) gearbeitet hat. Faden nicht abschneiden. Die kurzen Enden aufeinanderlegen und mit KM verbinden. Faden nicht abschneiden.

HAUPTTEIL

Die rechte Seite weist nach außen, die Verbindungsnaht aus KM verbirgt sich im Inneren. Wir arbeiten an der Längsseite entlang.

Rd 1: 1 LM, hStb in jede Rh aus fM; KM in 1. hStb.

Rd 2: 1 LM, hRStbh in jede M der Rd; KM in 1. hRStb.

Rd 2 wiederholen, bis die gewünschte Länge (siehe Tabelle) erreicht ist. Faden nicht abschneiden.

FERTIGSTELLUNG

Orientiere dich an den Fotos rechts und auf den Seiten 42 bis 45. Lege die Beanie mit dem Saum in der Mitte zusammen. Verbinde die beiden Seiten mittels einer KM durch die Maschen in der Mitte. Bringe nun die Ecken zur Mitte. Verbinde auch diese durch eine KM. Es ergeben sich acht Blütenblätter. Nun befestige die Blütenblätter reihum mit einer KM in der Mitte. Zuletzt die Runde mit einer KM in das erste Blütenblatt schließen. Faden abschneiden und vernähen.

Optional: Wer mag, näht einen Pompon an!

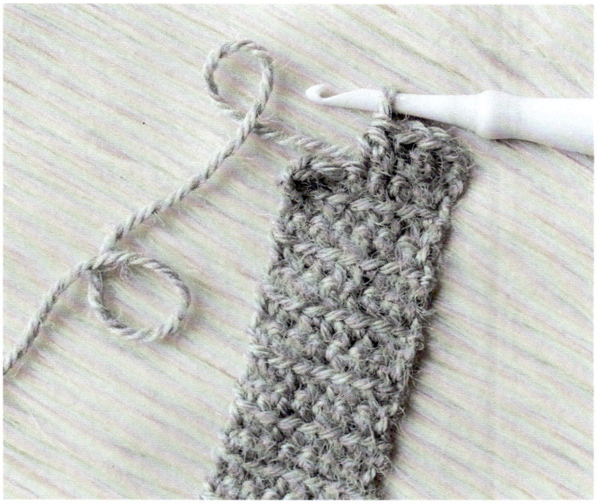

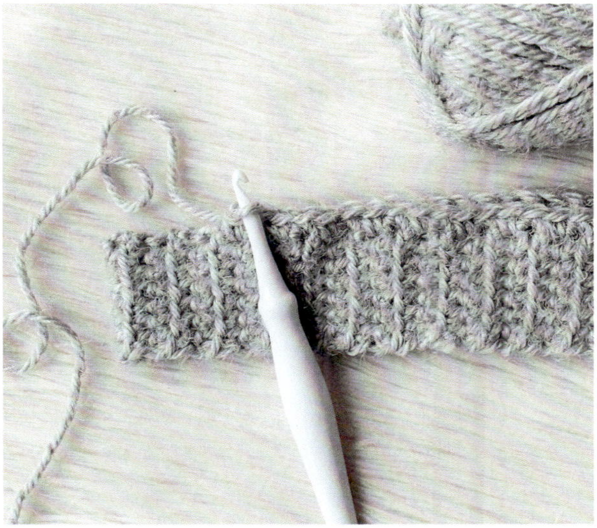

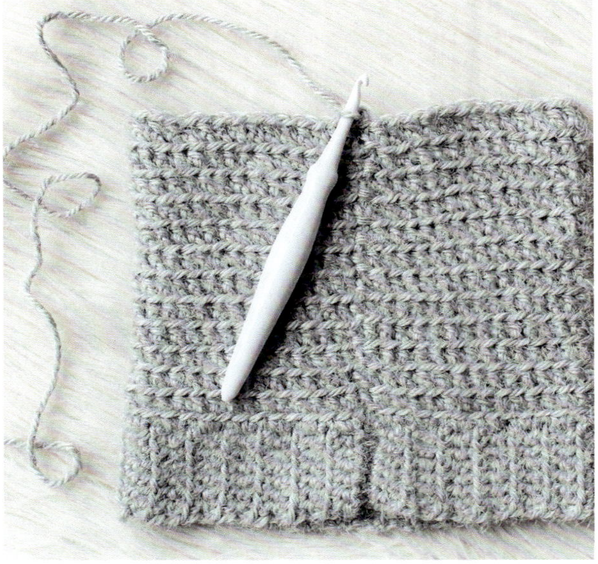

SCHAL „VENUS“

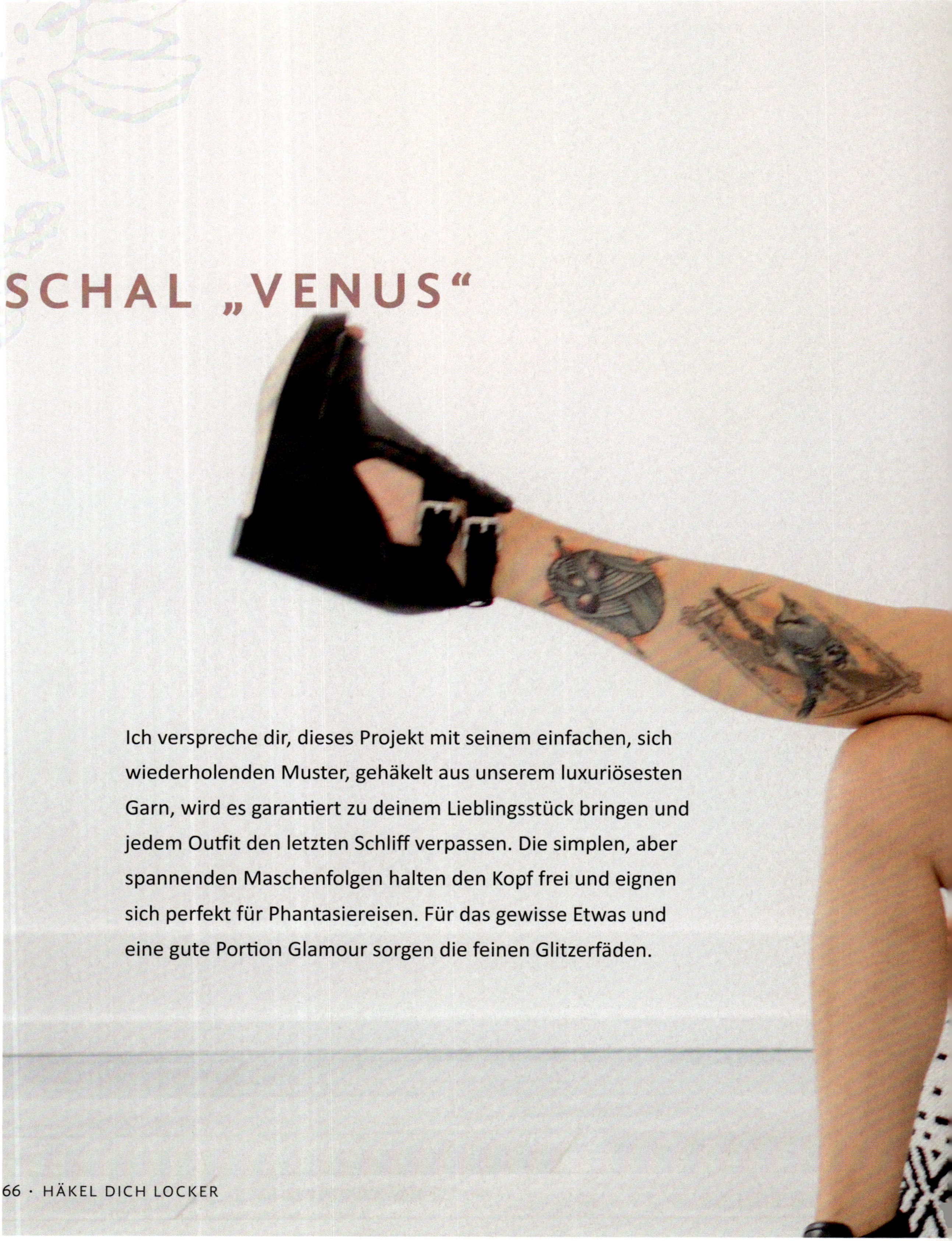

Ich verspreche dir, dieses Projekt mit seinem einfachen, sich wiederholenden Muster, gehäkelt aus unserem luxuriösesten Garn, wird es garantiert zu deinem Lieblingsstück bringen und jedem Outfit den letzten Schliff verpassen. Die simplen, aber spannenden Maschenfolgen halten den Kopf frei und eignen sich perfekt für Phantasiereisen. Für das gewisse Etwas und eine gute Portion Glamour sorgen die feinen Glitzerfäden.

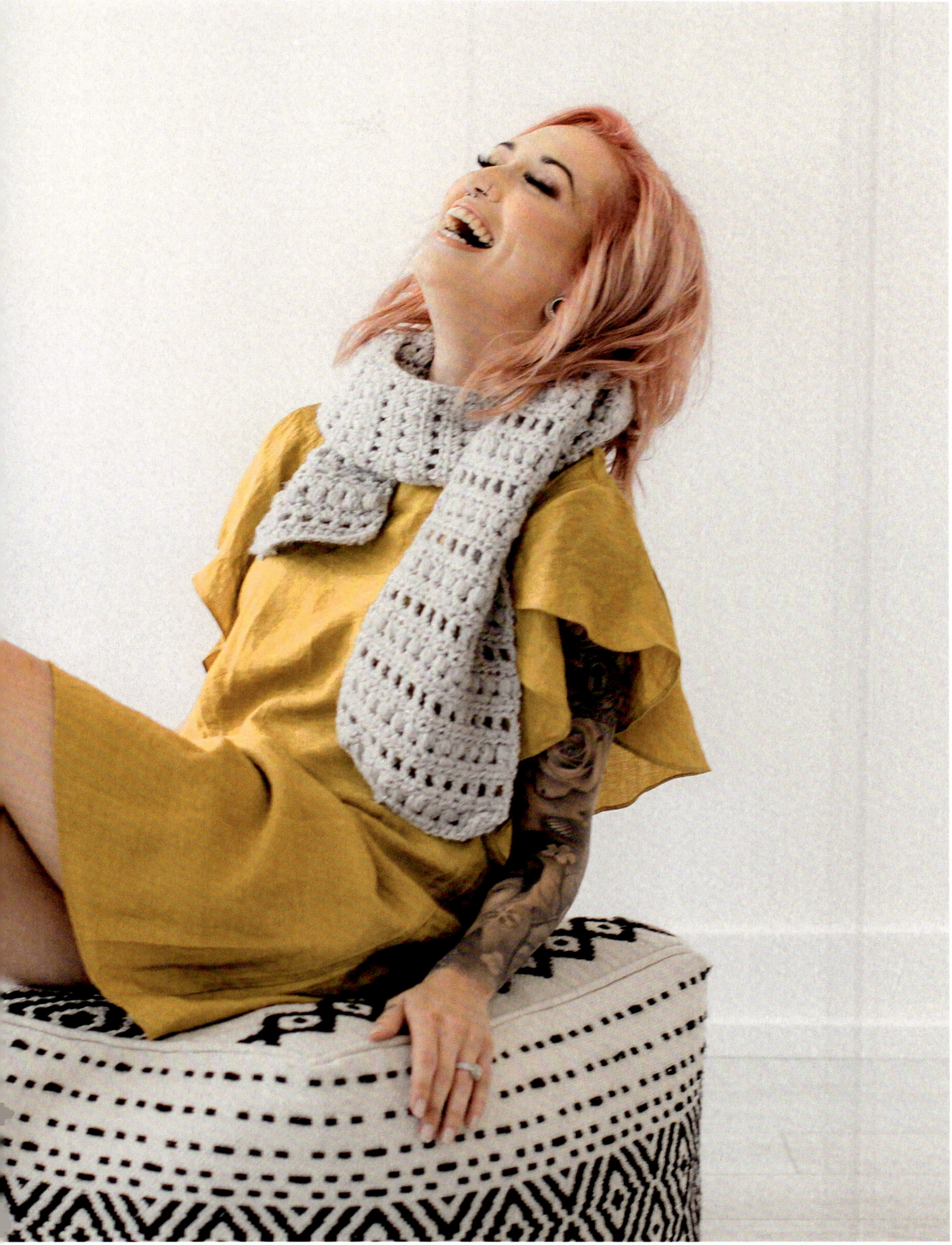

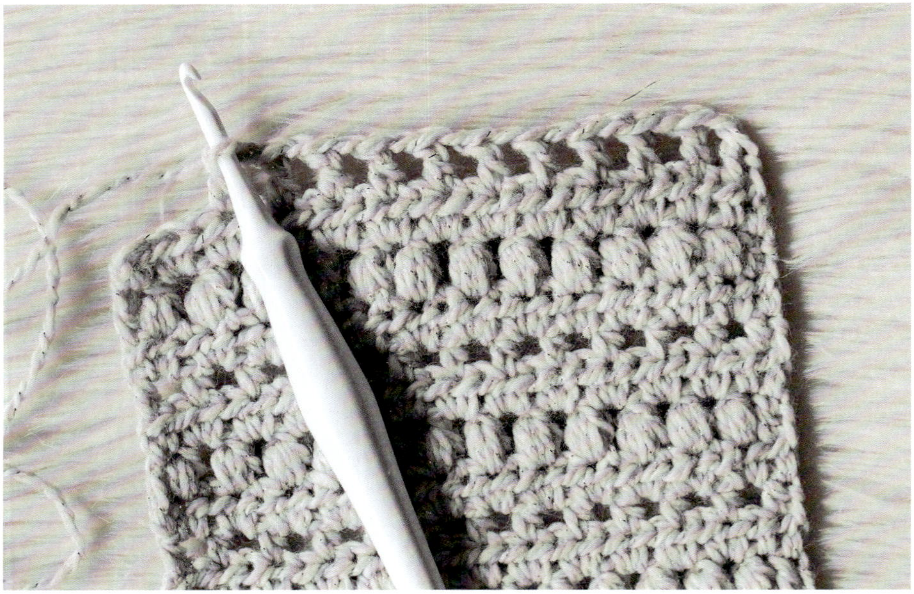

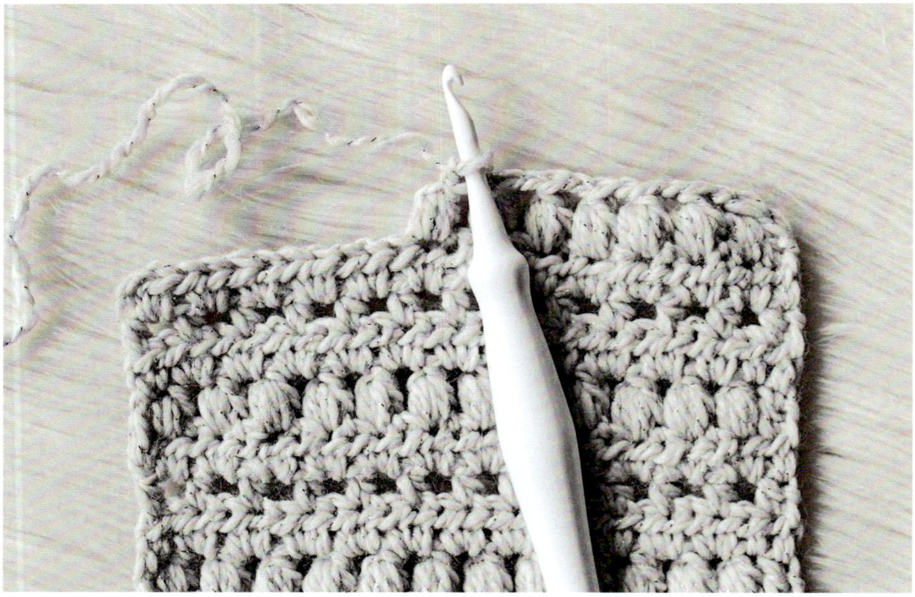

FERTIGMASS

24 cm x 165 cm (Breite mal Länge)

GARN

The Hook Nook Yummy Luxe
(77 % Acryl/20 % Wolle/3 % Metall, 100 g):
2 Knäuel Fb 352163 Silver Lining; oder
Mischgarn mit LL = 85 m / 50 g

NADEL

6,5 mm (US K/10,5)

MASCHENPROBE

11 M und 9 Rh = 10 x 10 cm in hStb

BESONDERE ABKÜRZUNGEN

Büschelmasche (BM) (siehe Seite 29)

SCHAL

26 LM anschlagen.

Rh 1: Beginnend mit 2. LM ab Nadel, hStb in jede M bis zum Ende – 25 hStb.

Rh 2: 1 LM, wenden, Stb in 1. M, *1 LM, 1 M überspr, Stb in nächste M; ab * bis zum Ende wiederholen – 12 Lücken aus 1 LM, 13 Stb.

Rh 3: 1 LM, wenden, 2 hStb in jede Lücke aus 1 LM bis zur letzten M, hStb in letzte M – 25 hStb.

Rh 4: 1 LM, wenden, Stb in 1. M, BM in nächste M; *1 LM, 1 M überspr, BM in nächste M; ab * bis zur letzten M wiederholen, Stb in letzte M – 11 Lücken aus 1 LM, 12 BM, 2 Stb.

Rh 5: 1 LM, wenden, hStb in 1. M, 2 hStb in jede Lücke aus 1 LM bis zu letzten beiden M, hStb in letzte beide M – 25 hStb.

Rh 2–5 wiederholen, bis die gewünschte Länge (165 cm) erreicht ist.

Faden abschneiden und vernähen.

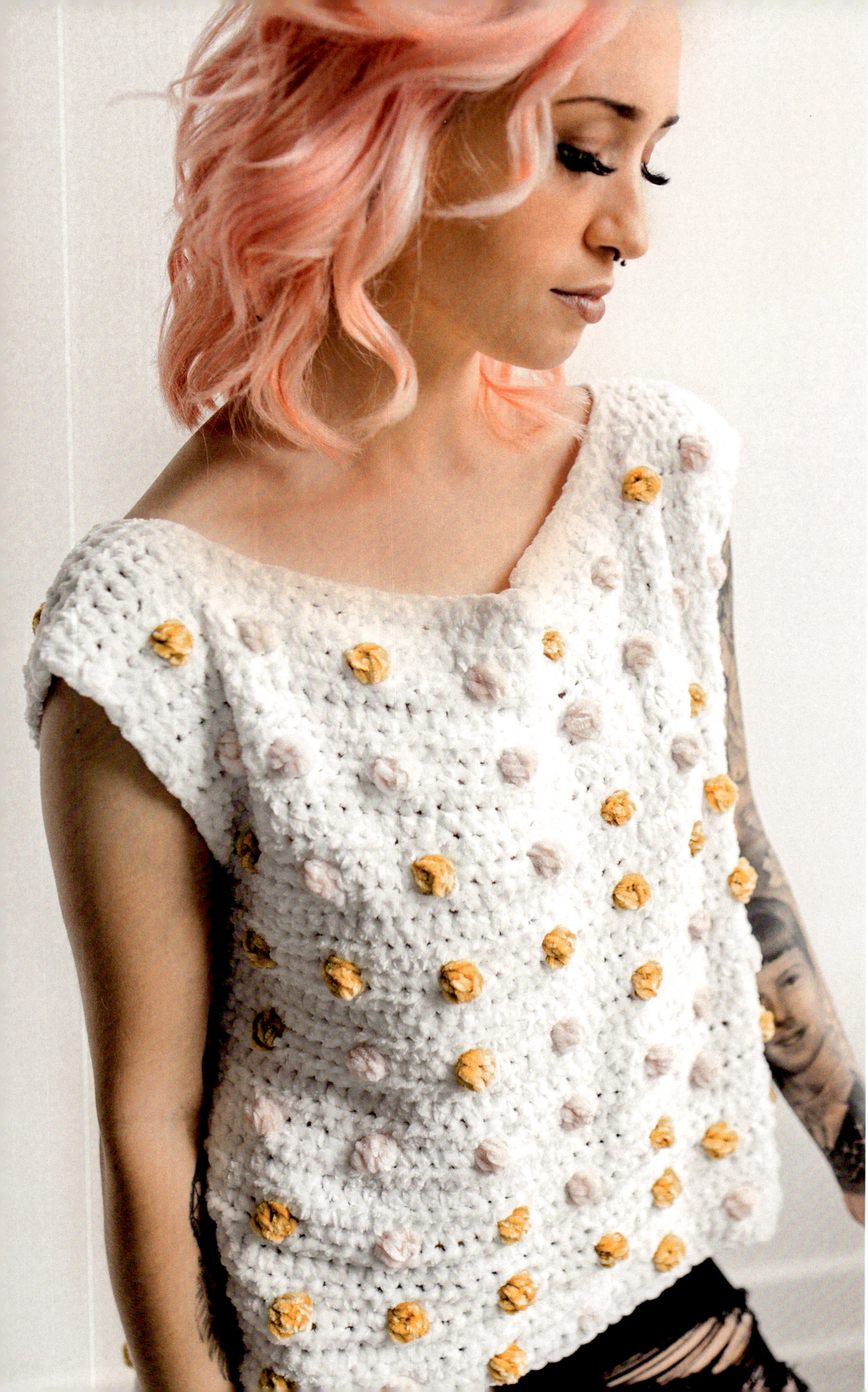

PONCHO „BOBBY“

Mit diesem schicken und gleichzeitig ultra gemütlichen Poncho, gefertigt aus feinem Samtgarn, erzeugst du garantiert einen echten Wow-Effekt. Mit den kontrastierenden Farben und dem regelmäßigen Muster trifft das gute Stück voll ins Schwarze. Der Poncho ist hip, er ist einzigartig und dabei so wandlungsfähig – ein absolutes Muss im Kleiderschrank einer jeden passionierten Häklerin! Und das Beste dabei? Er wird am Stück gearbeitet, deshalb muss man nicht erst groß Teile zusammennähen, sodass man sich sofort darin einkuscheln kann.

Bleibt nur noch die Frage: Welche Farben wählst du für deinen persönlichen Bobby-Poncho?

GRÖSSEN
XS/S (M/L, XL/XXL, XXX/XXXX)

FERTIGMASS
Siehe Tabelle unten.

GARN
Bernat Velvet (100 % Polyester, 300 g): 2 Knäuel für Größe XS/S, 3 Knäuel für Größe M/L, 4 Knäuel für Größe XL/XXL und XXX/XXXX Weiß (Farbe A); je 1 Knäuel Golden Moss (Farbe B) und Blush Pink (Farbe C) (gilt für alle Größen); oder Polyestergarn mit LL = 50 m / 50 g

NADEL
6,5 mm (US K/10,5)

MASCHENPROBE
10 M und 7 Rh = 10 x 10 cm in hStb

BESONDERE ABKÜRZUNGEN
Noppe (N) (siehe Seite 30)

VORDER- UND RÜCKSEITE
Die Anleitung enthält Angaben für vier Größen. Sofern diese abweichen, gilt die erste Anweisung für die kleinste Größe, die zweite für die mittlere, dann kommt

GRÖSSE	XS/S	M/L	XL/XXL	XXX/XXXX
BRUSTUMFANG (LOCKERER SITZ)	86 cm	107 cm	127 cm	147 cm
BREITE RÜCKENTEIL	53 cm	63,5 cm	74 cm	84 cm
MASCHENZAHL BREITE	53	63	73	83
ANFANGS-LUFTMASCHEN	55	65	75	85
MASCHENZAHL VOR ODER NACH NOPPE	5	4	6	5
LÄNGE VORDERTEIL	46 cm	48 cm	53 cm	56 cm
LÄNGE RÜCKENTEIL	53 cm	56 cm	58 cm	61 cm
REIHEN VORDERTEIL (VOR SCHULTERPARTIE)	38	40	44	46

die große und zuletzt die Maxigröße. Mit Farbe A 55 (65, 75, 85) LM anschlagen.

Rh 1: hStb in 3. LM ab Nadel und in jede weitere LM – 53 (63, 73, 83) hStb.

Rh 2: 1 LM, wenden, hStb in jede M bis zum Ende.

Rh 3: 1 LM, wenden, fM in die ersten 5 (4, 6, 5) M, *mit Farbe B eine N, mit Farbe A fM in nächste 5 M, mit Farbe C eine N, mit Farbe A fm in nächste 5 M; ab * bis zum Ende wiederholen, die letzten 6 (5, 7, 6) M in Farbe A.

Rh 4–6: 1 LM, wenden, hStb in jede weitere M.

Rh 7: 1 LM, wenden, fM in die ersten 5 (4, 6, 5) M, *mit Farbe B eine Noppe, mit Farbe A fM in nächste 5 M; ab * bis zum Ende wiederholen, letzte 6 (5, 7, 6) M in Farbe A.

Rh 8–10: 1 LM, wenden, hStb in jede weitere M.

Rh 11: 1 LM, wenden, fM in die ersten 5 (4, 6, 5) M, *mit Farbe B eine N, mit Farbe A fM in nächste 5 M, mit Farbe C eine N, mit Farbe A fM in nächste 5 M; ab * bis zum Ende wiederholen, die letzten 6 (5, 7, 6) M in Farbe A.

Rh 12–14: 1 LM, wenden, hStb in jede weitere M.

Rh 15: 1 LM, wenden, fM in die ersten 5 (4, 6, 5) M, *mit Farbe C eine N, mit Farbe A fM in nächste 5 M; ab * bis zum Ende wiederholen, letzte 6 (5, 7, 6) M in Farbe A.

Rh 16–18: 1 LM, wenden, hStb in jede weitere M.

Rh 19–34: Wie Rh 3–18.

Size XS/S Rh 35–38: Wie Rh 3-6. Dann weiter mit Schulterpartie.

Size M/L Rh 35–40: Wie Rh 3-8. Dann weiter mit Schulterpartie.

Size XL/2X Rh 35–44: Wie Rh 3-12. Dann weiter mit Schulterpartie.

Size XXX/XXXX Rh 35–46: Wie Rh 3-14. Dann weiter mit Schulterpartie.

Rh 39 (41, 45, 47): 1 LM, wenden, hStb in die ersten 10 (12, 14, 16) M, mit 33 (39, 45, 51) LM 33 (39, 45, 51) M überspr, hStb in letzte 10 (12, 14, 16) M.

Rh 40 (42, 46, 48): 1 LM, wenden, hStb in die ersten 10 (12, 14, 16) M, hStb in nächste 33 (39, 45, 51) LM, hStb in letzte 10 (12, 14, 16) M.

Rh 41–42 (43–44, 47–48, 49–50):
1 LM, wenden, hStb in jede weitere M.

Rh 43–74 (45–76, 49–79, 51–81):
Wie Rh 3–18.

Rh 75–78 (77–80, 80–83, 82–85):
Wie Rh 3–6.
Fäden abschneiden und vernähen.

FERTIGSTELLUNG

Falte das Stück mittig entlang Schulterpartie und Halsausschnitt. Befestige Farbe A mit einer KM, beginnend etwa 15 (18, 21, 24) cm unterhalb der Schulter, und verbinde die Seitenteile mittels KM. Faden abschneiden und das Ganze auf der anderen Seite wiederholen. Fäden vernähen.

ENDLOSSCHAL „DOTTIE“

Das Unendlichkeitssymbol hat im Lauf der Geschichte, abgesehen von seiner Verwendung in der Mathematik, mehrere Bedeutungswandel durchlaufen. Aus philosophischer Sicht gilt es einigen als Symbol für das ewig Göttliche, anderen als Zeichen für Harmonie, und wieder andere verbinden damit die Vorstellung: *Wie innen (Gedanken), so außen (Manifestation).*

Grundsätzlich gilt: Nur wenn man dranbleibt, kann etwas Wirklichkeit werden. Verinnerliche diese Philosophie, während du die Maschen des Endlosschals arbeitest, und lass dir diese Gedanken durch den Kopf gehen.

Dottie besteht aus wunderbar weichem Garn und hat dabei eine überraschend abwechslungsreiche Struktur. Mit seinen leichten, aber häufigen Maschenwechseln stellt dieser Schal ein Projekt dar, bei dem garantiert keine Langeweile aufkommt und Konzentration gefragt ist. Dafür wird man mit dem perfekten Accessoire für stürmische Tage belohnt – oder für Zeiten, wenn man einfach Lust hat, ein selbstgemachtes Stück stolz zur Schau zu tragen. Dottie wird aus den verschiedensten Gründen schon bald zu deiner treuesten Begleiterin werden.

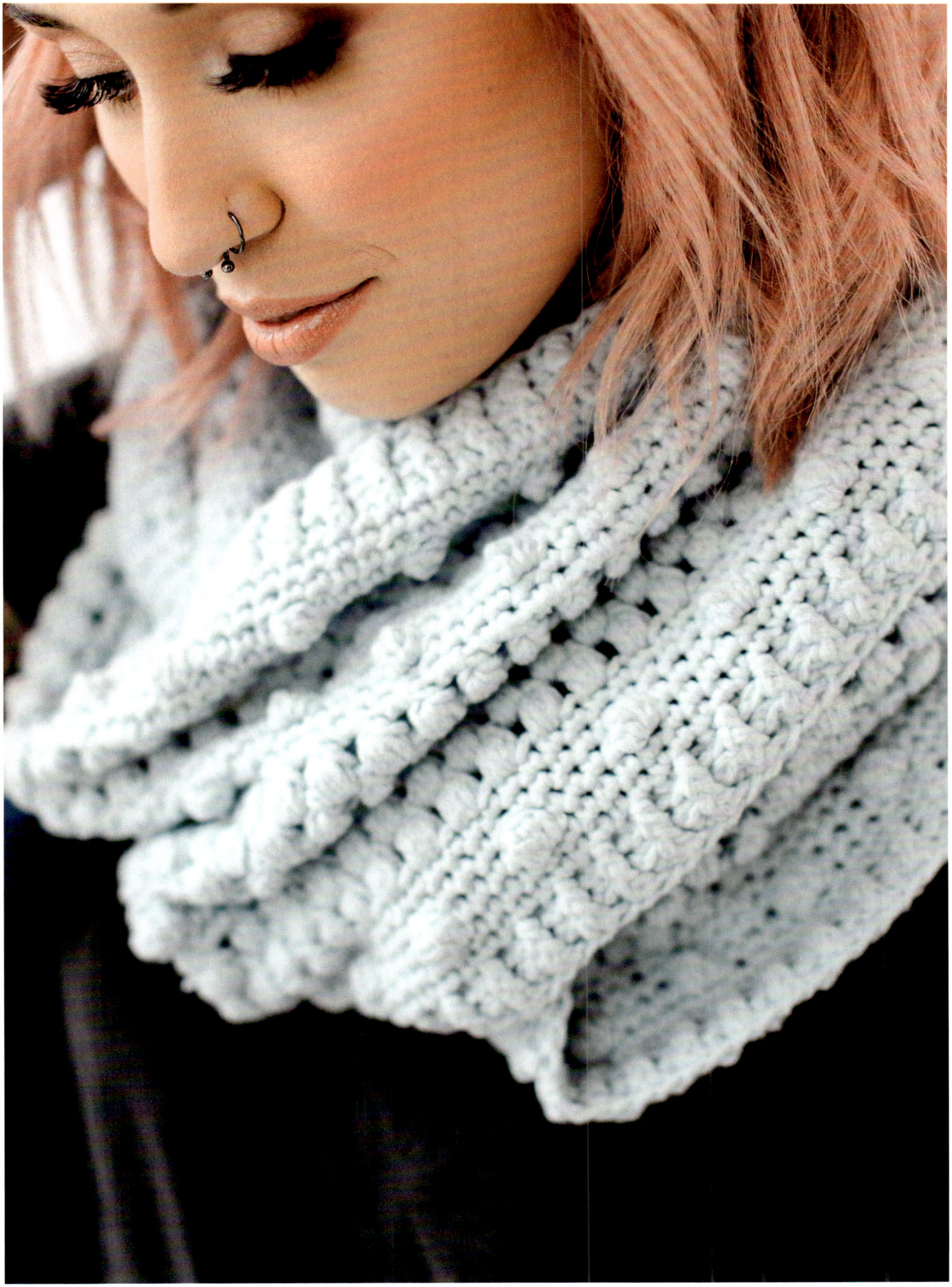

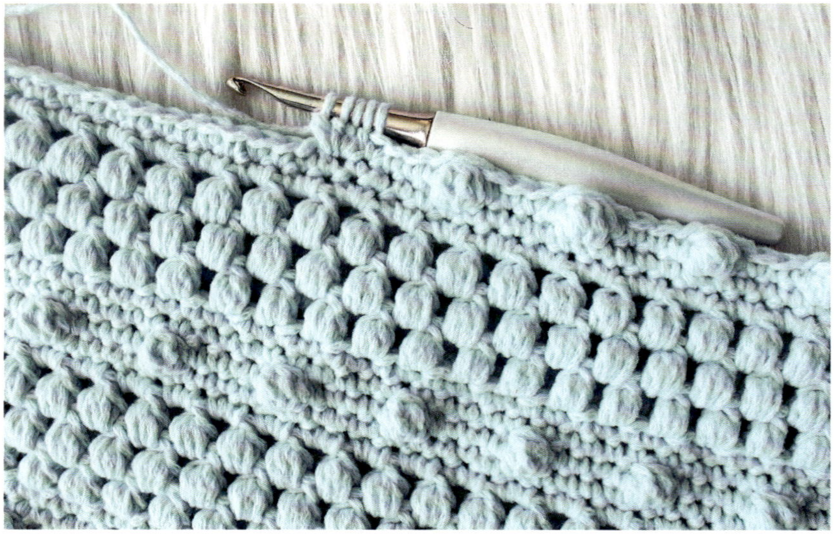
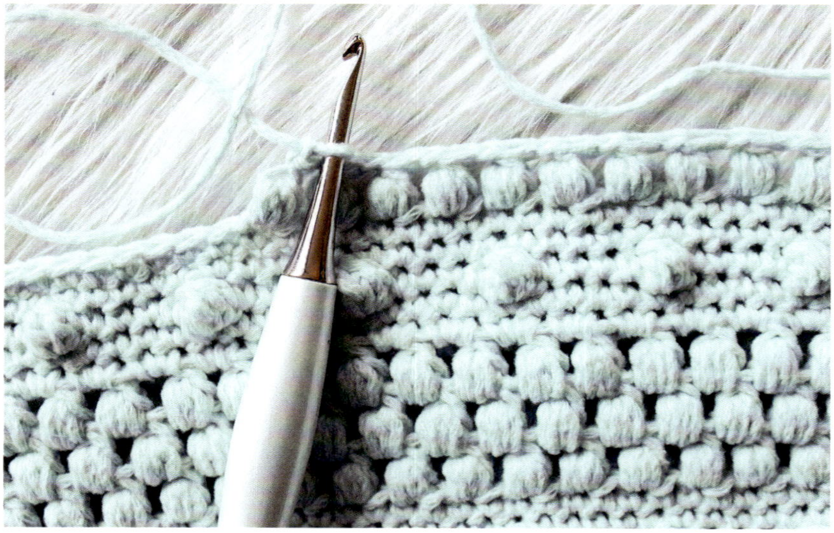
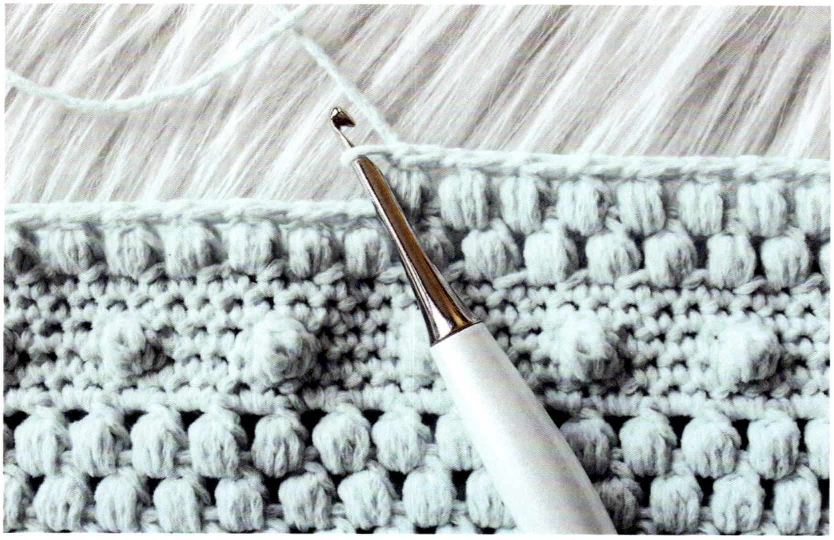

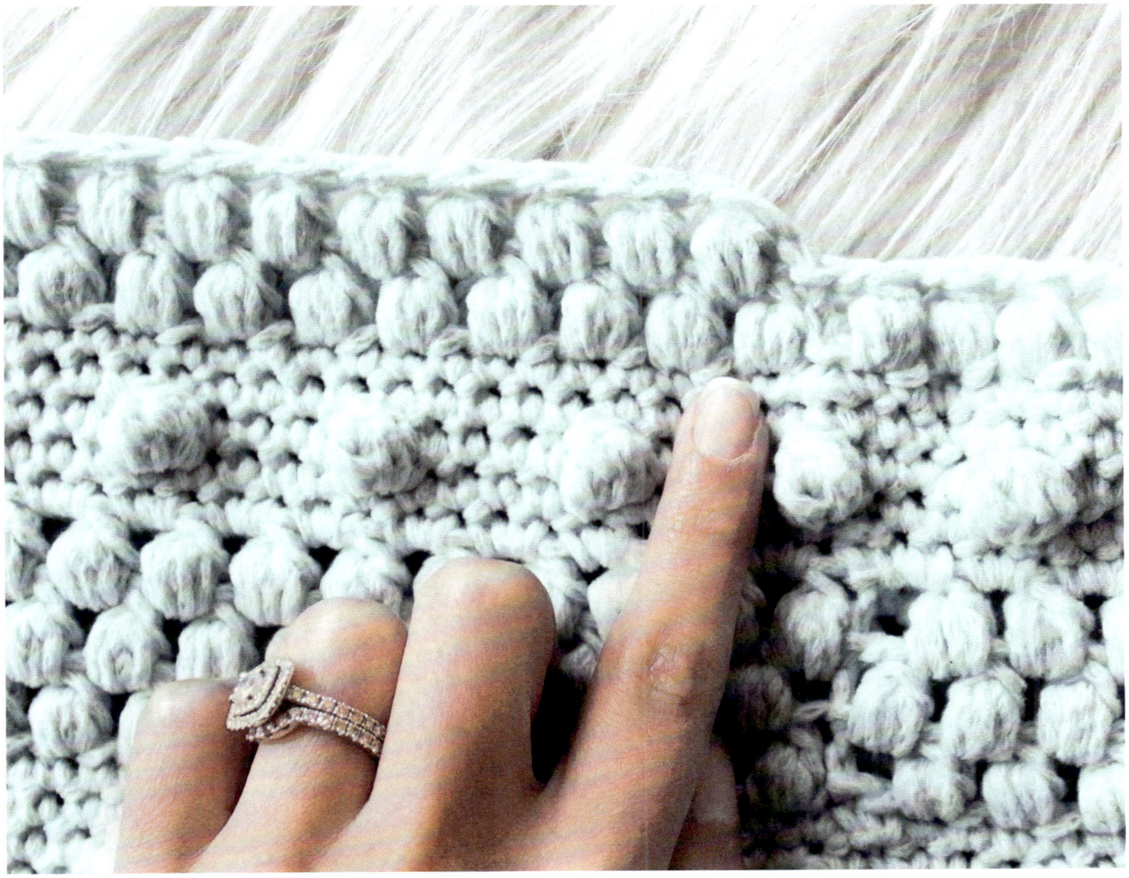

FERTIGMASS
70 cm x 28 cm (Länge mal Breite)

GARN
Lion Brand Feels Like Butta (100 % Polyester, 100 g): 4 Knäuel Fb 106 Ice; oder Polyestergarn mit LL = 100 m / 50 g

NADEL
5,5 mm (US I/9)

MASCHENPROBE
15 M und 17 Rh = 10 x 10 cm in fM

BESONDERE ABKÜRZUNGEN
Noppe (N) (siehe Seite 30)
Büschelmasche (BM) (siehe Seite 29)
halbes Reliefstäbchen vorne (hRStbv)
halbes Reliefstäbchen hinten (hRStbh)

SCHAL

200 LM anschlangen. LM-Kette mit KM zum Ring schließen, ohne sie zu verdrehen.

Rd 1: 1 LM, hStb in jede M der Rd; KM in 1. hStb – 200 hStb.

Rd 2–3: 1 LM, hRStbv in 1. M, *hRStbh, hRStbv; ab * bis zur letzten M wiederholen, hRStbh in letzte M; KM in 1. hRStbv.

Rd 4–5: 1 LM, fM in jede M der Rd; KM in 1. fM.

Rd 6: 1 LM, fM in nächste 4 M, *N, fM in nächste 4 M; ab * bis zur letzten M wiederholen, N in letzte M; KM in 1. fM.

Rd 7–8: 1 LM, fM in jede M der Rd; KM in 1. fM.

Rd 9: 1 LM, BM in 1. M, *1 LM, 1 M überspr, BM in nächste M; ab * bis zur letzten M wiederholen, 1 LM, letzte M überspr; KM in 1. BM.

Rd 10: 1 LM, 1. BM überspringen, BM in 1. Lücke aus 1 LM (links von der 1. BM der Vorrunde), *1 LM, 1 M überspr, BM in nächste Lücke aus 1 LM; ab * bis zur letzten Lücke aus 1 LM wiederholen, BM in letzte Lücke aus 1 LM (links von der 1. BM der Vorrunde), 1 LM; KM in Lücke aus 1 LM vor der 1. BM.

Anmerkung: Die BM sind von Runde zu Runde versetzt angeordnet.

Rd 11: 1 LM, BM in 1. Lücke aus 1 LM (rechts von der 1. BM der Vorrunde), *1 LM, 1 M überspr, BM in nächste Lücke aus 1 LM; ab * bis zur letzten BM wiederholen, 1 LM, BM in letzte Lücke aus 1 LM (rechts von der letzten BM der Vorrunde); KM in 1. BM.

Rd 12: 1 LM, 2 fM in jede Lücke aus 1 LM der Rd; KM in 1. fM.

Rd 13: 1 LM, fM in jede M der Rd; KM in 1. fM.

Rd 14–29: Wie Rd 6-13 (2-mal).

Rd 30–32: Wie Rd 6-8.

Rd 33: 1 LM, hStb in jede M der Rd; KM in 1. hStb.

Rd 34–35: LM, hRStbv in 1. M, *hRStbh, hRStbv; ab * bis zur letzten M wiederholen, hRStbh in letzte M; KM in 1. hRStbV. Faden abschneiden und vernähen.

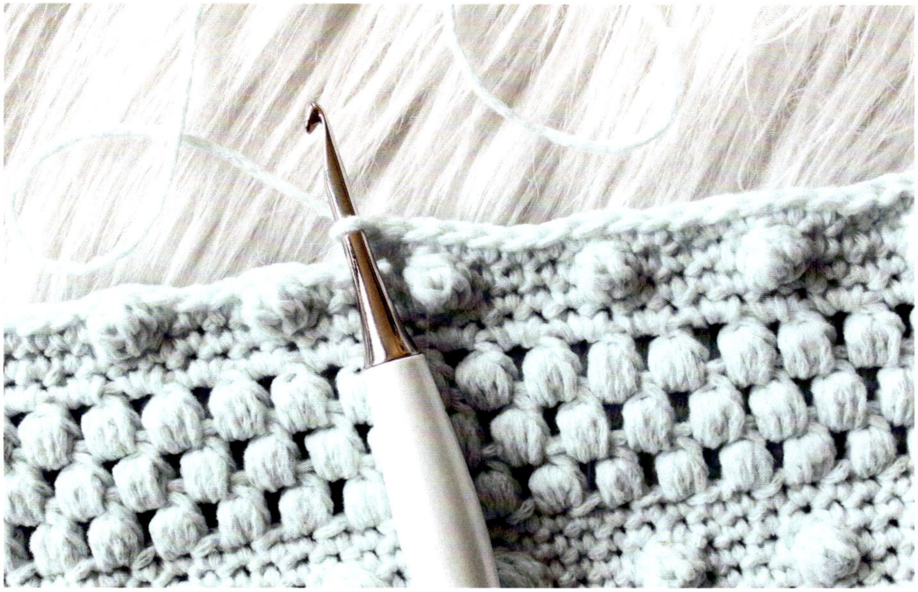

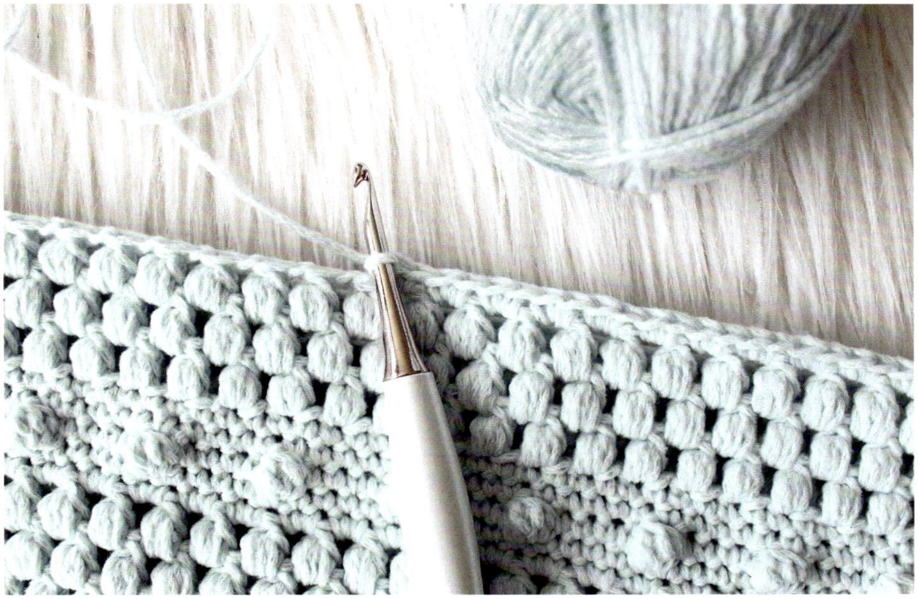

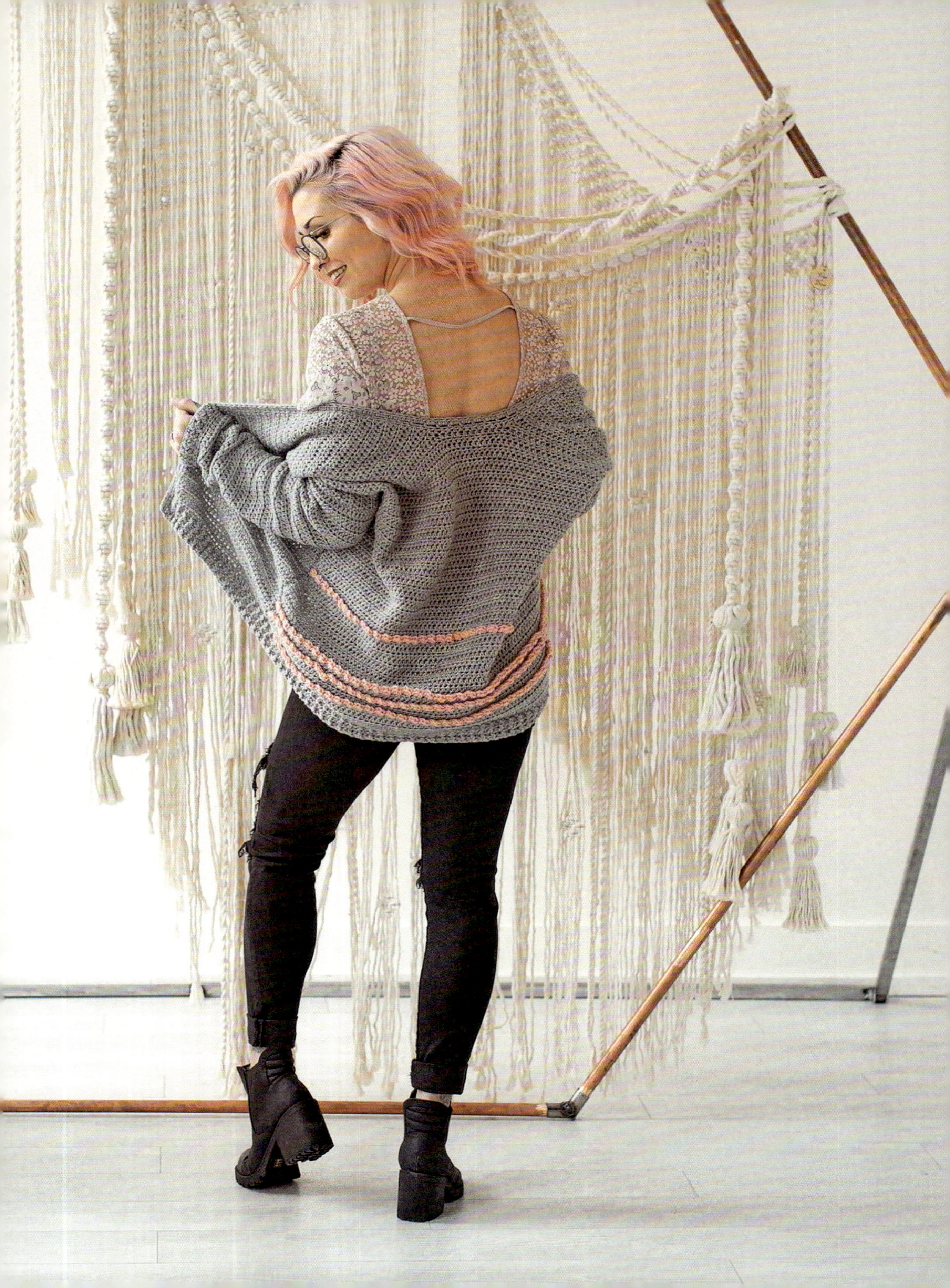

CARDIGAN „EVELYN“

Wir sind uns doch darin einig, dass jede kreative Tätigkeit etwas Magisches hat? Und sich buchstäblich in diese Magie zu hüllen, kann etwas entfachen, von dem wir bislang nicht wussten, dass wir es in uns tragen.

Manchmal reicht es, sich in ein warmes, bequemes Kleidungsstück zu kuscheln. Dieser wunderschöne Cardigan bildet die perfekte Harmonie zwischen einfachen Wiederholungen und gezielt gesetzten Details. Gearbeitet aus feinem Garn von The Hook Nook, fällt das Gewebe sehr schön und hat gleichzeitig eine schmeichelnde Struktur. Die zarten, kontrastierenden Rüschen bilden genau das richtige Gegengewicht.

GRÖSSEN
S (M, L, XL)

FERTIGMASS
Siehe Tabelle unten.

GARN
The Hook Nook Small Stuff (100 % Acryl, 100 g): 6 (6, 7, 8) Knäuel Foggy Morning und 1 Knäuel Pink Peony; oder Acrylgarn mit LL = 125 m / 50 g

NADEL
5,5 mm (US I/9)

MASCHENPROBE
15 M und 10 Rh = 10 x 10 cm in hStb

BESONDERE ABKÜRZUNGEN
halbes Stäbchen abnehmen (hStbabn)
halbes Stäbchen zunehmen (hStbzun)
halbes Reliefstäbchen vorne (hRStbv)
Halbes Reliefstäbchen hinten (hRStbh)
nur in hinteres Maschenglied einstechen (hMg)

RÜCKENTEIL
Die Anleitung enthält Angaben für vier Größen. Sofern diese abweichen, gilt die erste Anweisung für die kleinste Größe, die zweite für die mittlere, dann kommt die große und zuletzt die Maxigröße.

91 (101, 109, 119) LM anschlagen.
Rh 1: Beginnend in 2. LM ab Nadel hStb in jede M der Rh – 90 (100, 108, 118) hStb.
Rh 2–3: 1 LM, wenden, *hRStbv, hRStbh; ab * bis zum Ende wiederholen.
Rh 4–10: 1 LM, wenden, hStb in jede M der Rh.
Rh 11: 1 LM, wenden, hStb hMg in jede M der Rh.
Rh 12–14: Wie Rh 4.
Rh 15: Wie Rh 11.

GRÖSSE	S	M	L	XL
BRUSTUMFANG	76–86 cm	91–107 cm	112–132 cm	137–152 cm
LÄNGE (VON OBERKANTE SCHULTER BIS SAUM)	62 cm	63,5 cm	67 cm	70 cm
BREITE (FLACH LIEGEND GEMESSEN)	63,5 cm	69 cm	75 cm	81 cm
ARMLOCH (UMFANG)	29 cm	30,5 cm	32 cm	33 cm
ÄRMELLÄNGE (FLACH VON OBERKANTE SCHULTER BIS BÜNDCHEN GEMESSEN)	47 cm	47 cm	48 cm	48 cm

Rh 16: Wie Rh 4.
Rh 17: Wie Rh 11.
Rh 18–27: Wie Rh 4.
Rh 28: Wie Rh 11.
Rh 29: Wie Rh 4.
Rh 29 über 31 (35, 38, 41) weitere Rh wiederholen.

VORDERTEIL 1

Rh 1: 1 LM, wenden, hStb in nächste 40 (44, 47, 51) M – 40 (44, 47, 51) hStb.
Rh 2: 1 LM, wenden, hStb bis zum Ende.
Rh 3–59 (63, 65, 68): Wie Rh 2.
Größen L und XL Rh 66 (69): 1 LM, wenden, hStb bis zu letzten 3 M, hStbabn; hStb in letzte M.
Rh 60-61 (64-65, 67-68, 70-71): 1 LM, wenden, *hRStbv, hRStbh; ab * wiederholen. Faden abschneiden und vernähen.

VORDERTEIL 2

Garn mit KM in 11. (13., 15., 17.) M ab Vorderteil 1 befestigen. Es ergeben sich am Ende 10 (12, 14, 16) M zwischen den beiden Vorderteilen.
Rh 1: 1 LM, hStb in dieselbe M wie vorhin, hStb in jede weitere M – 40 (44, 47, 51) hStb.
Rh 2: 1 LM, wenden, hStb bis zum Ende.
Rh 3–59 (63, 65, 68): Wie Rh 2.
Größen L und XL Rh 66 (69): 1 LM, wenden, hStb bis zu letzten 3 M, hStbabn, hStb in letzte M.
Rh 60–61 (64–65, 67–68, 70–71): 1 LM, wenden, *hRStbv, hRStbh; ab * wiederholen.
Faden abschneiden und vernähen.

RÜSCHEN AN RÜCKENTEIL

Anmerkung: Das Rückenteil so drehen, dass der untere Saum oben liegt. So stehen die Rüschen beim Tragen etwas mehr ab.
Rh 1: Garn mit KM an 1. obenliegender Schlaufe der 1. nur in hMg gearbeiteten Rh. (1 LM, KM) in dieselbe M, *3 hStb, KM; ab * wiederholen.
Faden abschneiden und vernähen.
Rh 1 für die drei verbliebenen, nur in hMg gearbeiteten Rh wiederholen.

ÄRMEL (2 STÜCK)

31 (35, 39, 43) LM anschlagen.
Rh 1: hStb in 2. LM ab Nadel und in jede weitere LM – 30 (34, 38, 42) hStb.
Rh 2–3: 1 LM, wenden, *hRStbv, hRStbh; ab * wiederholen.
Rh 4–6: 1 LM, wenden, hStb bis zum Ende.
Rh 7: 1 LM, wenden, hStbzun in 1. M, hStb in alle M bis zur letzten; hStbzun in letzter M – 32 (36, 40, 44) hStb.
Rh 8–12: Wie Rh 4.
Rh 13: 1 LM, wenden, hStbzun in 1. M, hStb in alle M bis zur letzten; hStbzun in letzter M – 34 (38, 42, 46) hStb.
Rh 14–20: Wie Rh 4.
Rh 21: 1 LM, wenden, hStbzun in 1. M, hStb in jede weitere M bis zur letzten; hStbzun in letzter M – 36 (40, 44, 48) hStb.
Rh 22–29: Wie Rh 4.
Rh 30: 1 LM, wenden, hStbzun in 1. M, hStb in jede weitere M bis zur letzten; hStbzun in letzter M – 38 (42, 46, 50) hStb.

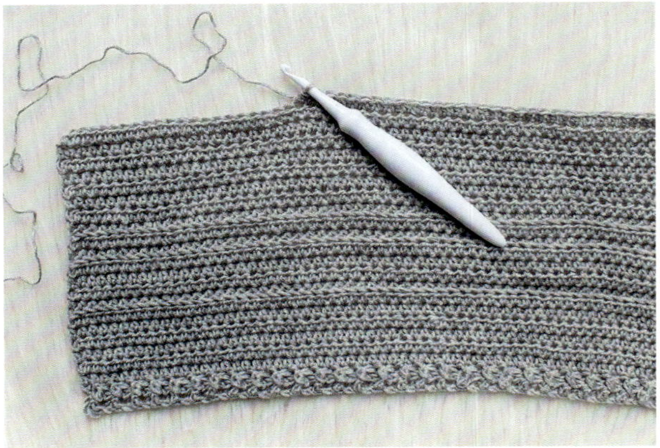

RÜCKENTEIL

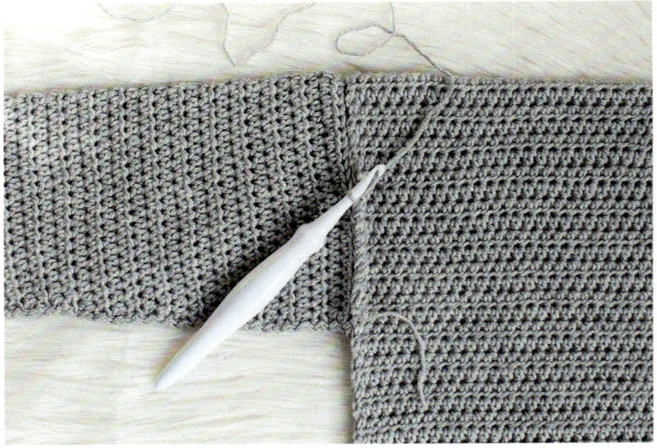

ÄRMEL ANHÄKELN

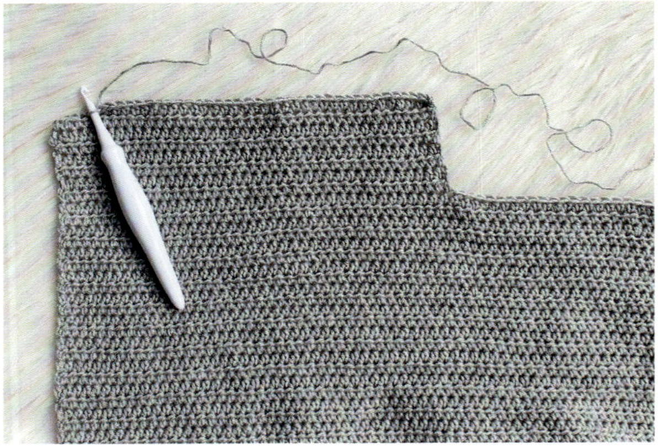

BEGINN VORDERTEIL

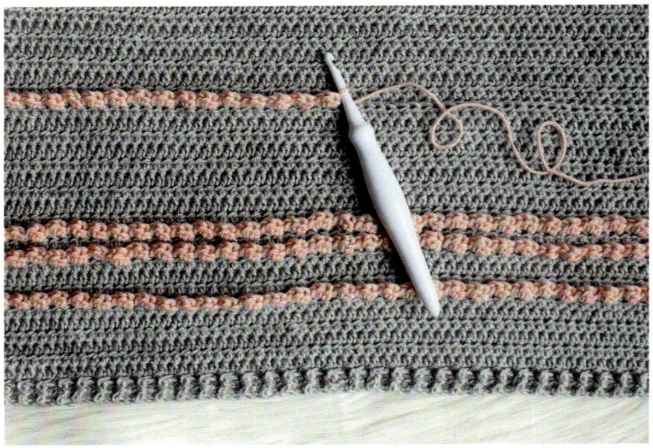

RÜSCHEN AUF RÜCKENTEIL AUFHÄKELN

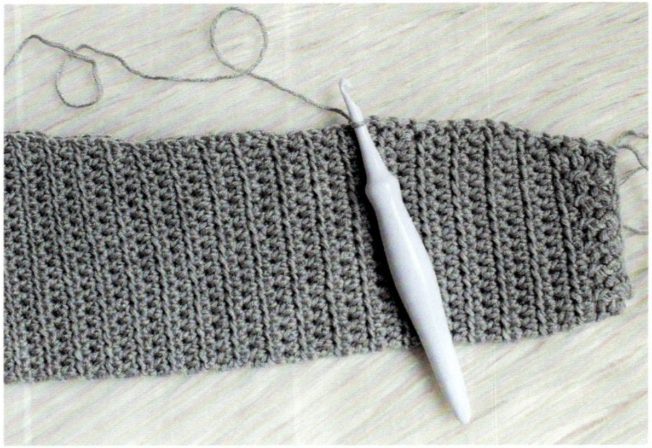

ÄRMELSAUM

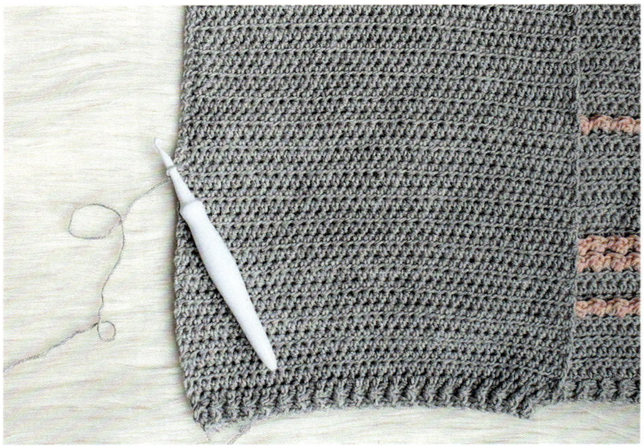

SAUM VORDERTEIL

Rh 31–34: Wie Rh 4.
Rh 35: 1 LM, wenden, hStbzun in 1. M, hStb in jede weitere M bis zur letzten; hStbzun in letzter M – 40 (44, 48, 52) hStb.
Rh 36–39: Wie Rh 4.
Rh 40: 1 LM, wenden, hStbzun in 1. M, hStb in jede weitere M bis zur letzten; hStbzun in letzter M – 42 (46, 50, 54) hStb.
Rh 41: Wie Rh 4.
Rh 41 noch 6 (6, 8, 8) Mal wiederholen.
Faden abschneiden und vernähen.

FERTIGSTELLUNG

Falte die Ärmel mittig längs, die rechte Seite nach innen. Befestige das Garn mit einer KM am Bündchen eines Ärmels. Abwechselnd 1 LM, 1 KM durch die Randmaschen beider Ärmelseiten bis zum Ende. Das Ganze für den zweiten Ärmel wiederholen.

Breite den Cardigan flach auf eine Unterlage, die Vorderseiten auf dem Rückenteil, rechte Seiten nach innen. Lege nun die Ärmel an der richtigen Stelle an. Maschenmarkierer an den Stellen platzieren, wo das Ärmelloch sein soll.

Befestige das Garn mit einer KM an der unteren Ecke des Cardigans und führe die Nadel dabei durch Vorder- und Rückenteil. Abwechselnd 1 LM, 1 KM entlang der Seite des Cardigans, bis man am ersten Maschenmarkierer angekommen ist. Faden abschneiden und vernähen. Für die andere Seite des Cardigans wiederholen.

Nähe beide Ärmel mit einer Stopfnadel an das Hauptteil des Cardigans.

(**Anmerkung:** Achte darauf, dass die Naht nach unten weist.) Zieh den Faden kräftig an, nicht zu stark, aber so, dass er sich nicht nach wenigen Malen Tragen lockert und sichtbar wird. Fadenende vernähen.

TAILLENBUND

Das Garn an der unteren Ecke des Vorderteils befestigen, rechte Seite nach außen.
Rh 1: 1 LM, hStb entlang der kompletten Unterseite – 170 (188, 202, 220) hStb.
Rh 2: 1 LM, wenden, *hRStbv, hRStbh; ab * wiederholen.
Faden nicht abschneiden. Weiter geht es mit der Blende.

BLENDE

Rh 1: 1 LM, hStb entlang der Vorderseite nach oben, über die Nackenlinie und auf der anderen Seite wieder nach unten – 129 (137, 139, 143) hStb.
Rh 2: 1 LM, wenden, hStb in 1. M, *1 LM, 1 M überspr, hStb; ab * bis zum Ende wiederholen.
Rh 3: 1 LM, wenden, hStb in 1. M, (jedes hStb überspr) *2 hStb in jede Lücke aus 1 LM; ab * bis zum Ende wiederholen; hStb in letzte M, um eine saubere Ecke zu erhalten. Faden abschneiden und vernähen.

BEWUSSTHEIT

Schon gut, schon gut, ich weiß. Alle Welt liegt uns damit in den Ohren, dass wir bewusster leben sollen. Verstanden. Das ist ein alter Hut. Doch statt lang und breit zu erklären, wie wir die Kraft der Gegenwart in uns wecken, möchte ich, dass du dir überlegst, warum das so wichtig ist.

Wenn wir im Leben Entscheidungen treffen, kommen verschiedene Faktoren zum Tragen. Manchmal aus Sturheit, weil man uns das Gefühl gegeben hat, nicht gut genug zu sein. Oder wir sagen zu allem Ja und Amen, weil wir selbst viel zu oft ein Nein zu hören bekommen. Oder wir lassen uns von anderen beeinflussen und von unserem Vorhaben abbringen, statt auf unser Bauchgefühl zu hören und das Risiko einzugehen.

Wir können unsere Gewohnheiten ändern und achtsamer leben, indem wir uns jede unserer tagtäglichen Entscheidungen gut überlegen (Noch einmal die Snooze-Taste drücken oder gleich aufstehen? Wasser oder Softdrink? Das Stück Kuchen oder eine gesunde, ausgewogene Mahlzeit?). Je öfter wir uns in Achtsamkeit üben, desto leichter fällt uns diese Geisteshaltung und geht uns irgendwann in Fleisch und Blut über. Zur Belohnung sind wir erfüllt von Glück, Klarheit und Freude.

Wer sich im Leben auf Dinge konzentriert, die gut für ihn sind, und daraus abgeleitet die entsprechenden Entscheidungen trifft, hat es in der Hand, das Beste aus sich herauszuholen. Und weil jeder Schritt ganz bewusst gemacht wurde, schafft man sich eine Basis, auf die sich das zukünftige Selbst stützen kann.

Wer glücklich, erfüllt und klaren Geistes ist, stärkt gleichzeitig seine Fähigkeit, in zwischenmenschlichen Beziehungen klare Grenzen zu setzen und keinen überflüssigen Ballast anzuhäufen. Darüber hinaus richtet sich das Augenmerk auf Dinge, die einem selbst wichtig sind, nicht auf das, was andere wollen. Schließlich ist das doch dein Leben. Du allein bist für deine Taten, deine Reaktionen und deinen Umgang mit schwierigen Situationen verantwortlich. Wenn wir uns aktiv entschließen, Entscheidungen bewusst zu treffen, fällt es uns auch leichter, dafür geradezustehen, da wir diese Entscheidungen allein zu unserem persönlichen Wohl fällen. Dies sollte uns wiederum motivieren, Beschlüsse entschieden in die Tat umzusetzen. Wenn wir alles Handeln auf anderer Leute Erwartungen ausrichten, fehlt es uns an Überzeugung, und wir verlieren den Antrieb, weil wir nicht unseren eigenen Kraftstoff benutzen. Vergiss nie: Jeder braucht eine innere Motivation für sein Handeln.

Bei der Arbeit an den folgenden Projekten möchte ich, dass du dir überlegst, welche Gründe dich in deinen Entscheidungen antreiben: Was beeinflusst dich? Was diktiert deine Wahl? Bleibst du dir dabei selbst treu, oder lässt du dich von außen beeinflussen? Ich möchte nämlich, dass du stolz auf dich selbst bist. Und das fängt beim Thema Achtsamkeit an. Lebe dein Leben bei vollem Bewusstsein.

Bist du bereit? Denn ich verspreche dir, das wird dir die Augen für eine völlig neue Welt öffnen.

Arbeite mit jedem neuen Projekt in diesem Kapitel direkt an der Umsetzung dieser Idee. Vom praktischen Aufbewahrungskorb über die zauberhafte Tasche bis hin zum wiederverwendbaren Spültuch wirst du dich auf eine Reise begeben, die dein Leben von Grund auf verändern wird.

„Nichts bleibt folgenlos. Also überlege man sich gut, welche Wirkung man erzielen möchte."
- Mindy Hall

„Finden wirst du nur, was du mit dir nimmst."
- Yoda

„Hinter kraftvollen Worten stecken kraftvolle Absichten. Mit Leidenschaft, Stärke, Mut und Entschlossenheit kann man alles erreichen."
- K. L. Toth

AUFGABE

Ich möchte, dass du mit Bewusstheit ans Werk gehst. Wenn du schon ein alter Häkelhase bist, bewältigst du die Muster sicher problemlos und widmest dich gleichzeitig anderen Dingen. Das hat sicher seine Vorteile, und trotzdem hoffe ich, dass du dir für die folgenden vier Projekte Zeit nimmst und dich voll und ganz auf die Arbeit daran konzentrierst. Sei ganz gegenwärtig, und mache dir jede deiner Handlungen, Reaktionen und Absichten bewusst.

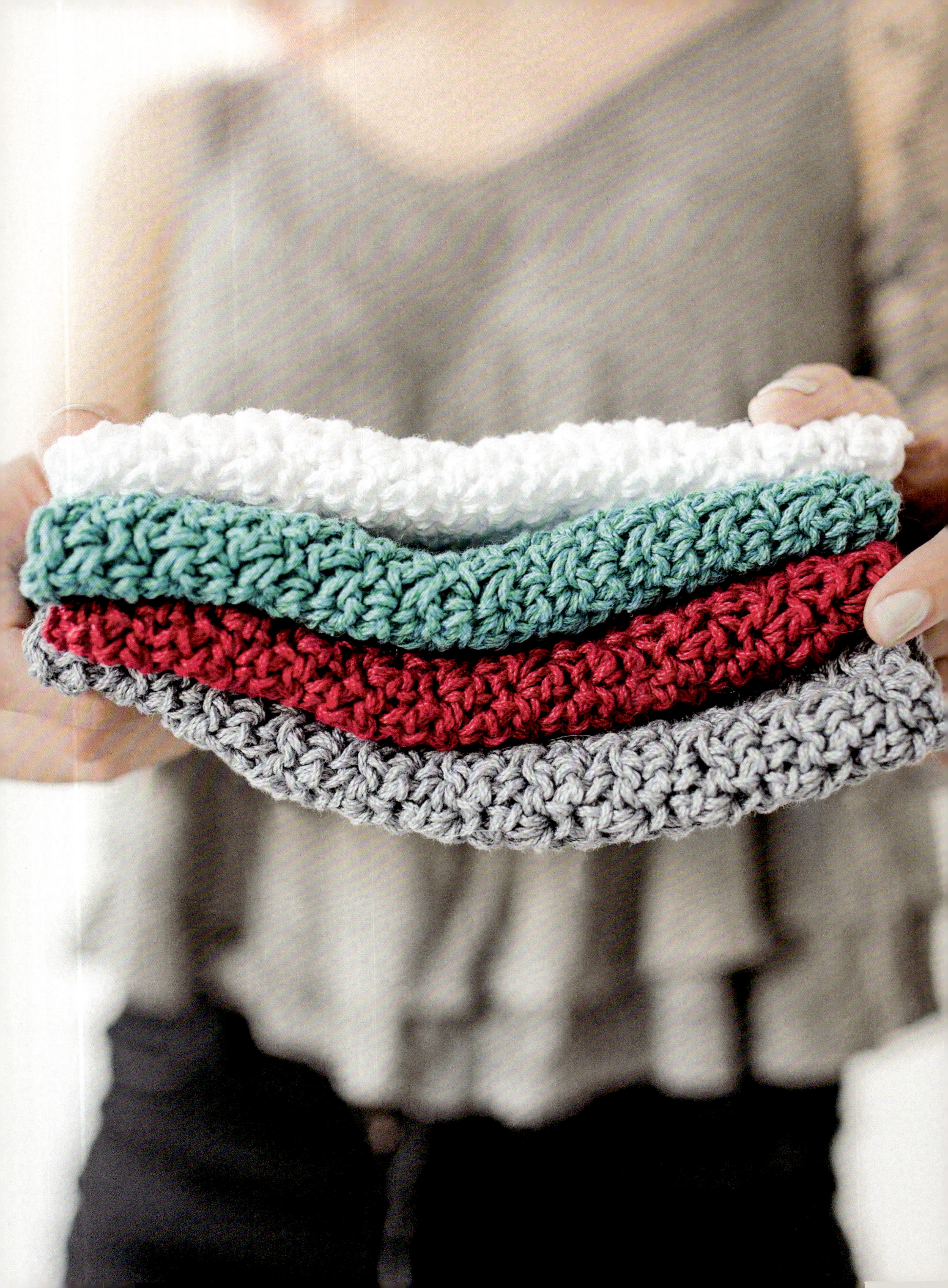

HANDGEMACHTE SPÜLTÜCHER

Wenn du dich nun hinsetzt und ganz auf dein Vorhaben konzentrierst, überlege dir doch bitte, was diese zauberhaften Spültücher für dich oder den angedachten Empfänger tun können. Werden sie dekorativ am Spülbeckenrand liegen und eine monotone Alltagsaufgabe erträglicher machen? Sind sie aus ökologischer Sicht von Nutzen, weil Baumwollfasern sich besser abbauen lassen als diese stinkenden Kunstfaserschwämme? Werden sie dem Beschenkten ein Lächeln ins Gesicht zaubern? Nun, ich denke, dass alles Genannte zutrifft!

Für diese super einfachen Spültücher habe ich mich für ein qualitativ hochwertiges Garn entschieden. Das besteht nicht nur zu hundert Prozent aus Baumwolle, sondern ist vor allem robust – definitiv langlebig genug, um auch noch das hartnäckigste Scheuern im Topf zu überstehen. Außerdem gibt es Baumwollgarne in vielen wundervollen Farben! Eine einfache Möglichkeit, mehr Farbe in den grauen Küchenalltag zu zaubern. Dieses Projekt ist nicht nur wahnsinnig anfängerfreundlich, es eignet sich auch wunderbar für erfahrene Häkelfreunde, da hier zur Abwechslung ein neues Muster zum Einsatz kommt: das Perlmuster.

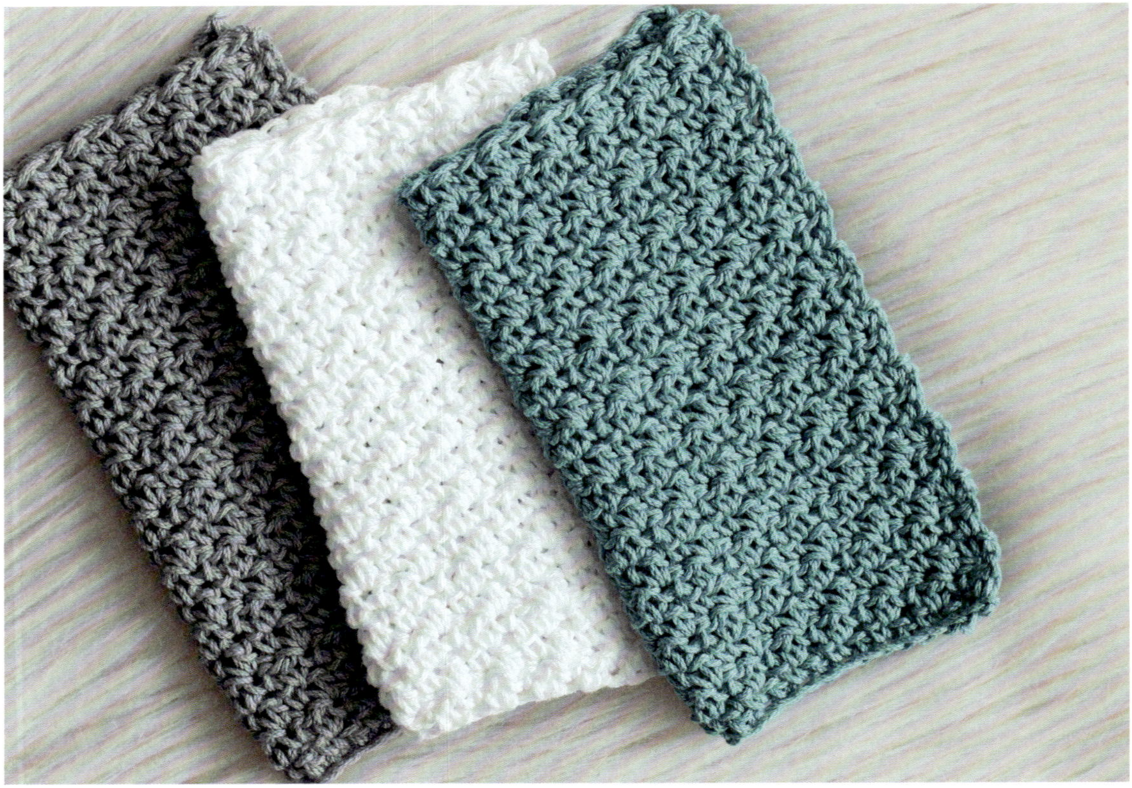

FERTIGMASS

19 cm x 19 cm

GARN

Lion Brand 24/7 Baumwollgarn (100 % Baumwolle, 100 g): 1 Knäuel. Verwendete Farben: Fb 149 Silber, Fb 100 Weiß, Fb 142 Rose und Fb 102 Aqua; oder Baumwollgarn mit LL = 85 m / 50 g .

NADEL

5,5 mm (US I/9)

MASCHENPROBE

14 M und 17 Rh = 10 x 10 cm in fM

SPÜLTUCH

27 LM anschlagen.

Rh 1: fM in 2. LM ab Nadel, Stb in nächste M, *fM, Stb; ab * bis zum Ende wiederholen – 26 M.

Rh 2: 1 LM, wenden, fM in 1. M, Stb in nächste M, *fM, Stb; ab * bis zum Ende wiederholen.

Rh 2 wiederholen, bis die Seitenlängen etwa 19 cm betragen.

Faden abschneiden und vernähen.

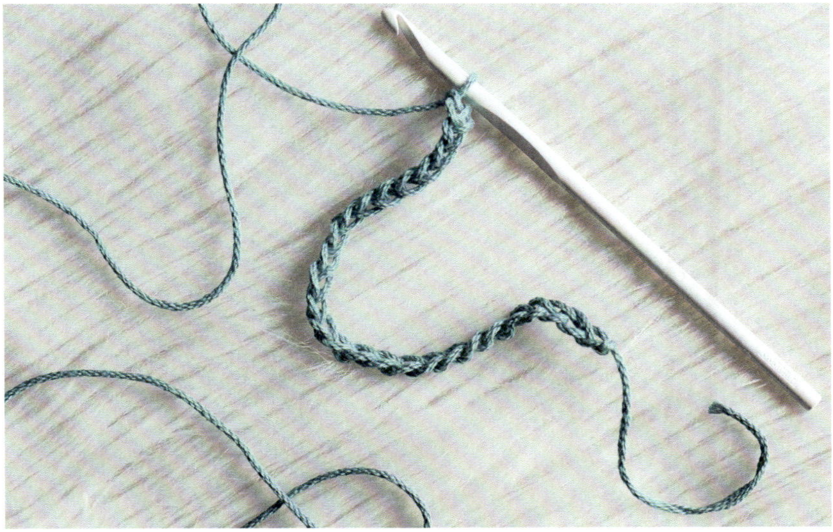

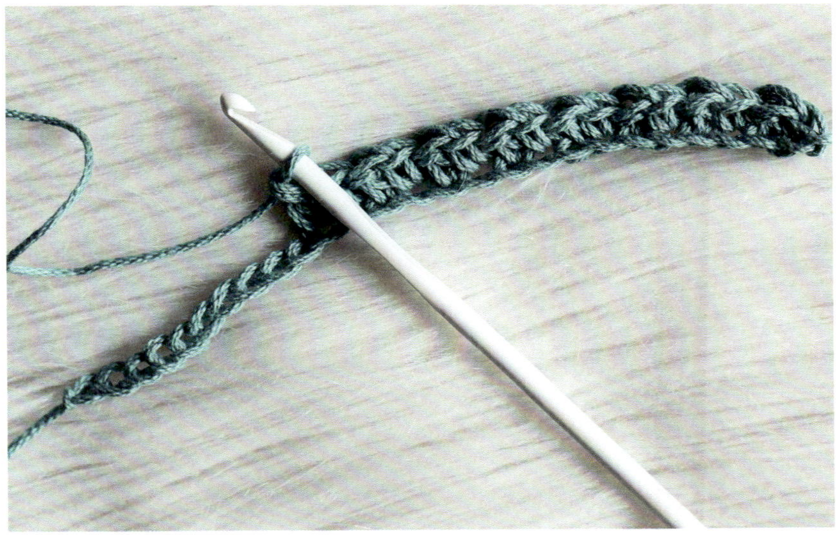

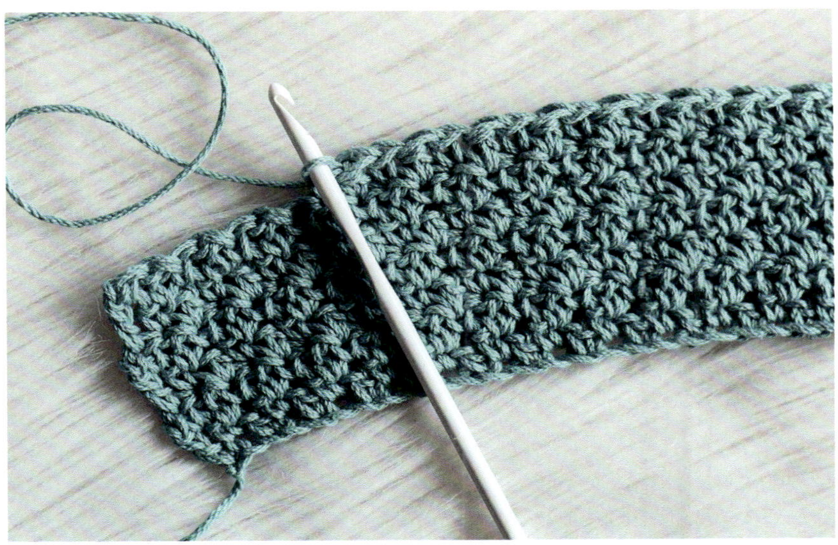

LÄUFER „LANG LEBE DIE LIEBE"

Das folgende Projekt ist mit einem wunderbaren Gefühl verbunden: Gastfreundschaft. Sie bedeutet mir sehr viel, denn sich gemeinsam für ein Mahl um einen Tisch zu versammeln, ist etwas, das ich unheimlich schätze. Hier kommen wir als Freunde und Familie zusammen, nehmen Nahrung zu uns und tauchen dabei tief ein in das Leben, indem wir uns austauschen und Bindungen festigen.

Wenn du dich an die Arbeit an diesem Tischläufer aus langlebigem, leicht zu reinigendem Baumwollgarn machst, bedenke bitte, dass du damit vielleicht so etwas wie ein Familienerbstück schaffst, etwas, das nur zu besonderen Gelegenheiten zum Einsatz kommt – wobei natürlich jedes Treffen mit unseren Lieben besonders ist.

Meditiere oder bete bei der Herstellung für jede einzelne Zusammenkunft, bei denen der Läufer verwendet wird. Mit jeder Masche, die du arbeitest, flechte Gedanken an Heilung, Liebe und Nähe mit ein. Auch Gottgedanken können anhaltende Effekte haben.

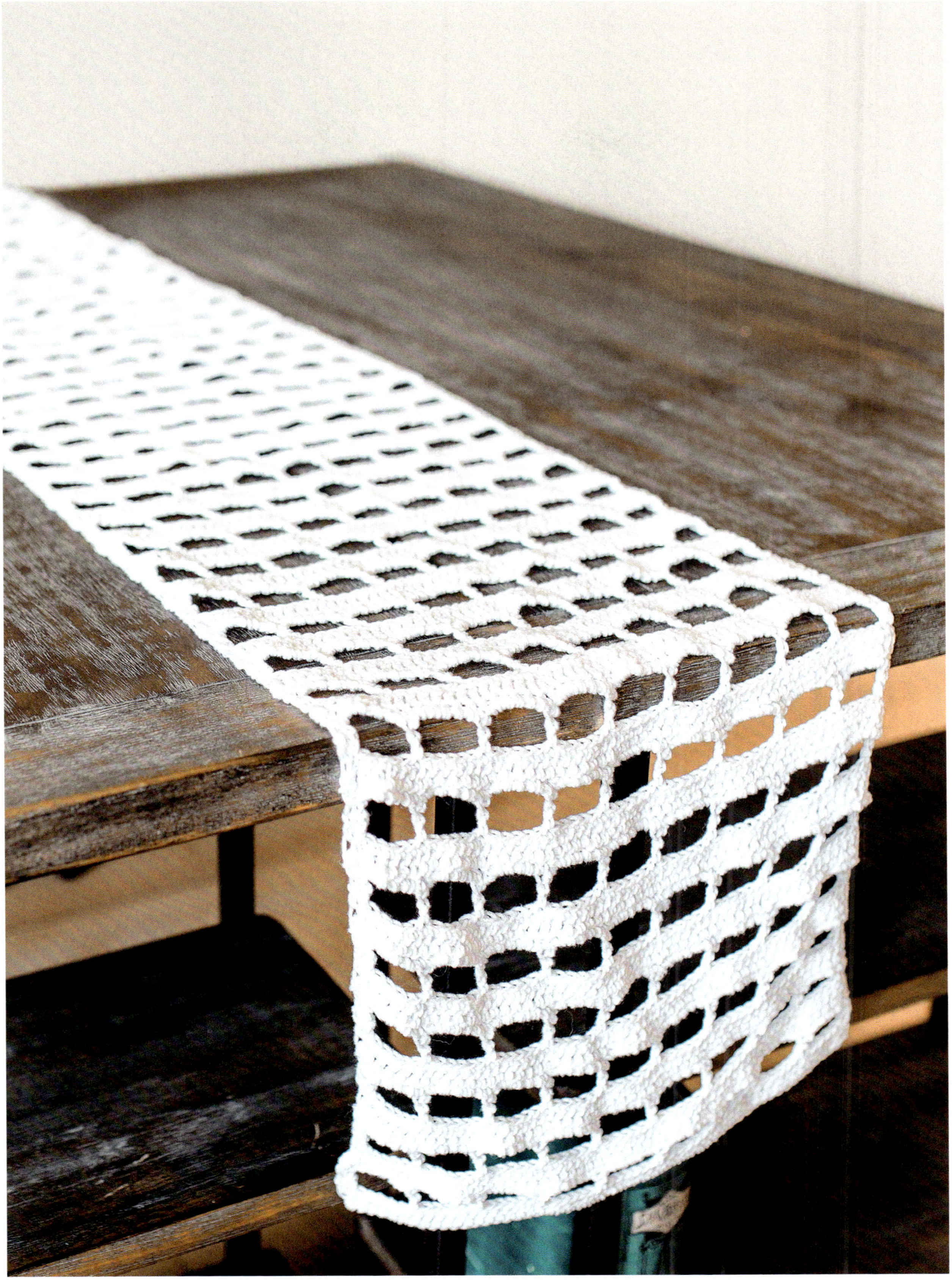

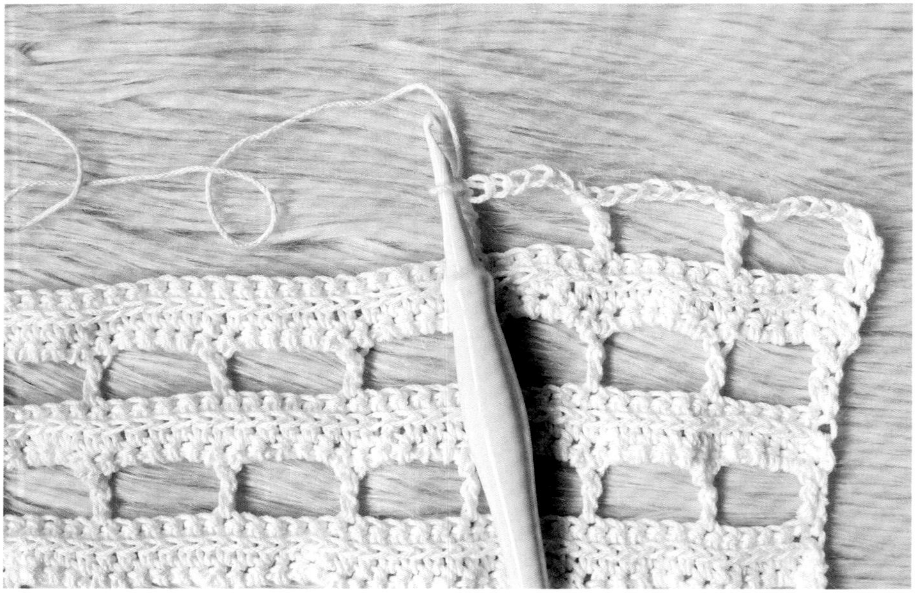

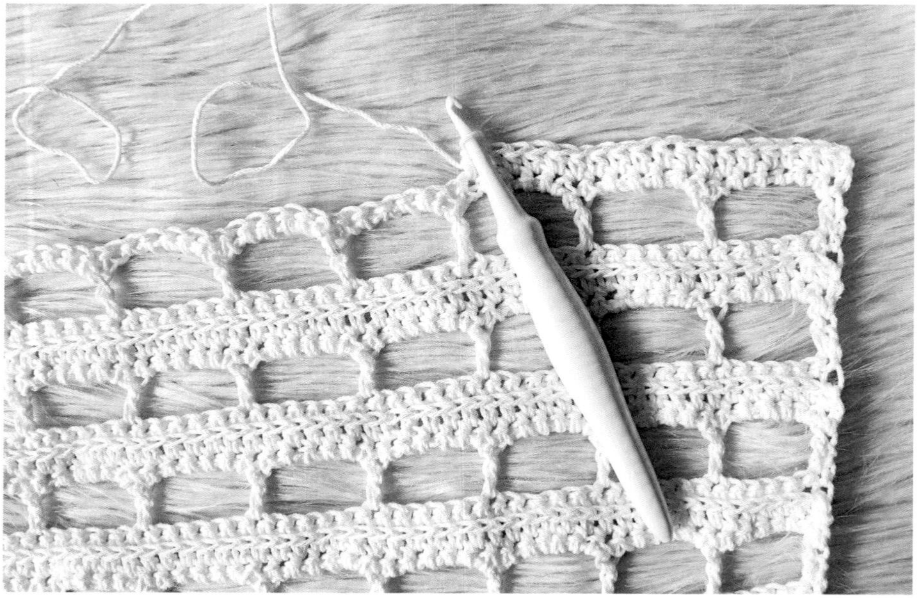

FERTIGMASS

38 cm x 183 cm (Breite mal Länge)

GARN

Lion Brand 24/7 Baumwollgarn (100 % Baumwolle, 100 g): 4 Knäuel Fb 100 Weiß; oder Baumwollgarn mit LL = 85 m / 50 g

NADEL

5,5 mm (US I/9)

MASCHENPROBE

14 M und 10 Rh = 10 x 10 cm in hStb

BESONDERE ABKÜRZUNGEN

Kamel-Masche (Kamel-M)
Diese Masche ist im Grunde ganz einfach: Sie geht ähnlich wie ein hStb, nur dass man an einer anderen Stelle einsticht. Normalerweise wird das hStb unter dem V (beide MG) der M der Vorrunde oder -reihe oder in der 1. LM gefertigt. Wenn man sich allerdings die Rückseite der Masche ansieht, sieht man eine dritte Schlaufe, die horizontal unter dem oberen Maschenrand sitzt. In diese wird die Kamel-Masche gearbeitet.

TISCHLÄUFER

56 LM anschlagen.

Rh 1: fM in 2. LM ab Nadel und in jede weitere M – 55 fM.

Rh 2: 1 LM, wenden, hStb in jede M der Rh.

Rh 3: 1 LM, wenden, Kamel-M in jede M der Rh.

Rh 4: 3 LM, wenden, DStb in erste M, *6 LM, 5 M überspringen, DStb in nächste M; ab * wiederholen – 9 Lücken aus 6 LM, 1 DStb.

Rh 5: 1 LM, wenden, fM in 1. M, *5 fM in Lücke aus 6 LM, fM in nächste M; ab * wiederholen – 55 fM.

Rh 6: 1 LM, wenden, hStb in jede weitere M.

Rh 3-6 wiederholen, bis der Läufer die gewünschte Länge (183 cm) hat. Faden nicht abschneiden.

Nächste Rh: Wie Rh 3.

Letzte Rh: 1 LM, wenden, fM in jede M der Rh.

Faden abschneiden und vernähen.

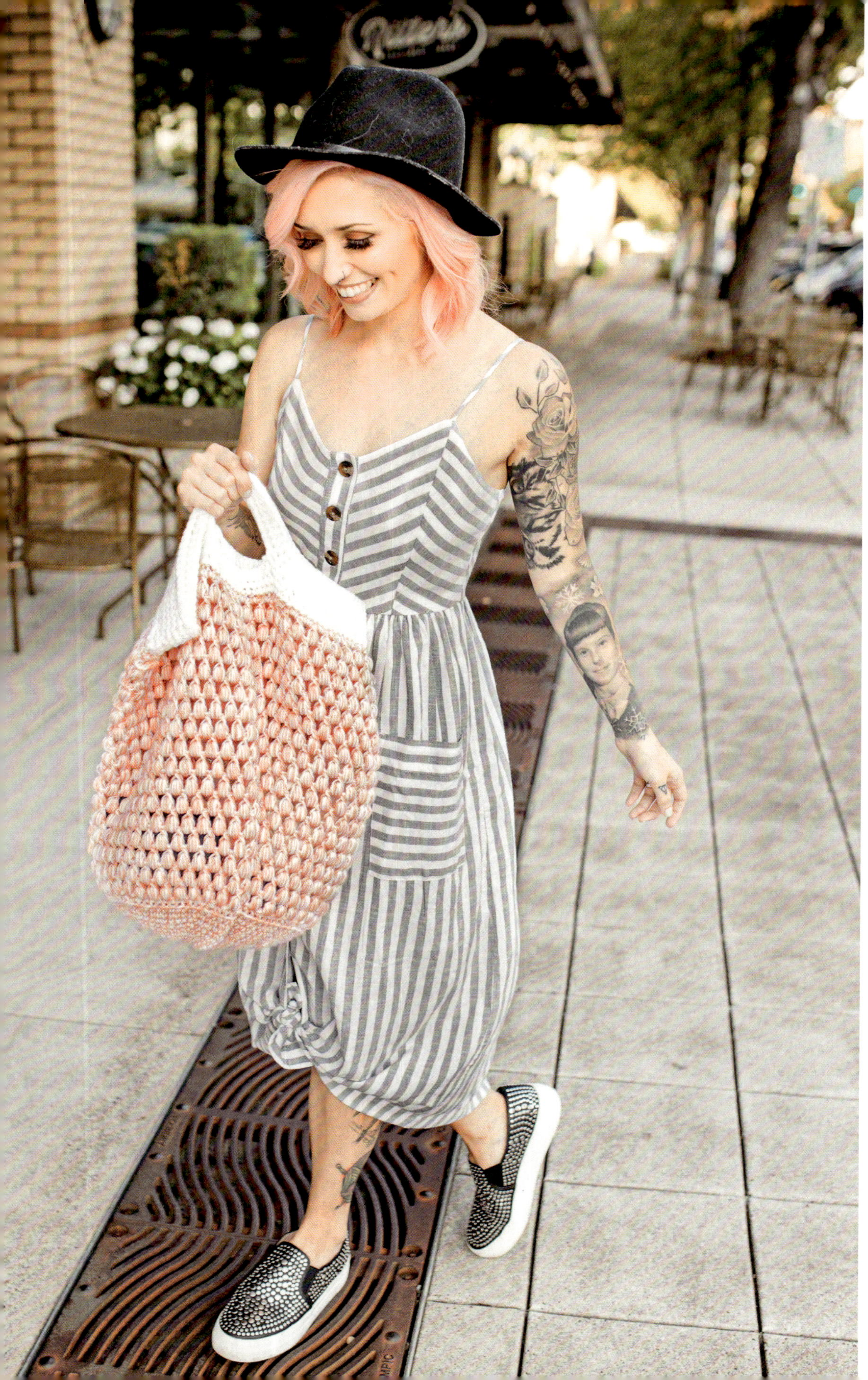

BEUTELTASCHE „MIDTOWN"

Diese kleine Lady, komplett aus Büschelmaschen und mit dem doppelstrangigen Small Stuff Garn von The Hook Nook gearbeitet, ist flugs gemacht, und doch hat man während der Arbeit daran viel Zeit, um sich mit Kopf und Herz zu beschäftigen.

Wie oft machst du etwas nur für dich? Nicht selten sind es der Beruf oder die Familie, insbesondere die lieben Kleinen, die uns davon abhalten, etwas für uns selbst anzufertigen. Wenn du also beschließt, diese hübsche Tasche für dich zu häkeln, dann stelle dir vor, wie du sie genau zu den Aktivitäten ausführst, die dich normalerweise davon abhalten, solche Projekte in Angriff zu nehmen. Deine Arbeit, Zeit, Energie und Kreativität baumeln dann stolz an deinem Handgelenk, wie eine Trophäe – was für ein unbeschreibliches Gefühl! Du bist diese Investition wert, findest du nicht?

Sei achtsam im Umgang mit dir selbst. Bist du für die eine Person, mit der du jeden einzelnen Augenblick des Tages verbringst, eine gute, generöse Freundin? Ich möchte dich dazu ermuntern, dem oberste Priorität einzuräumen.

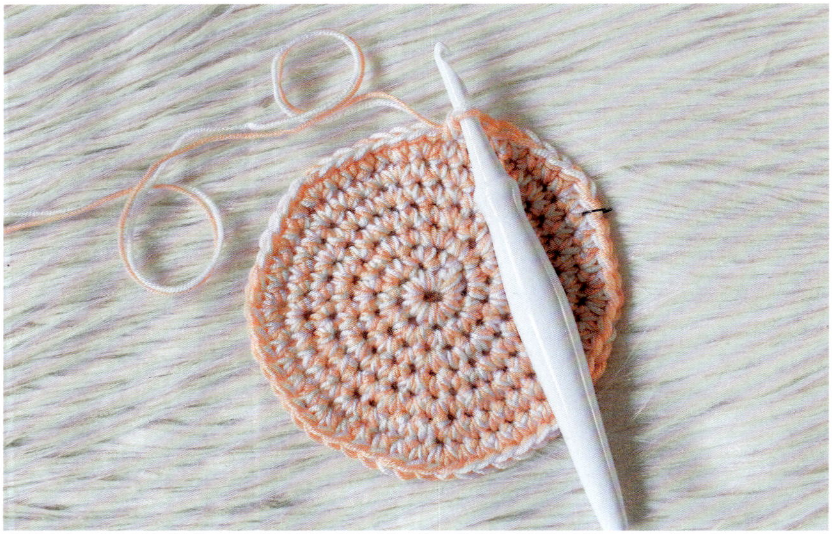

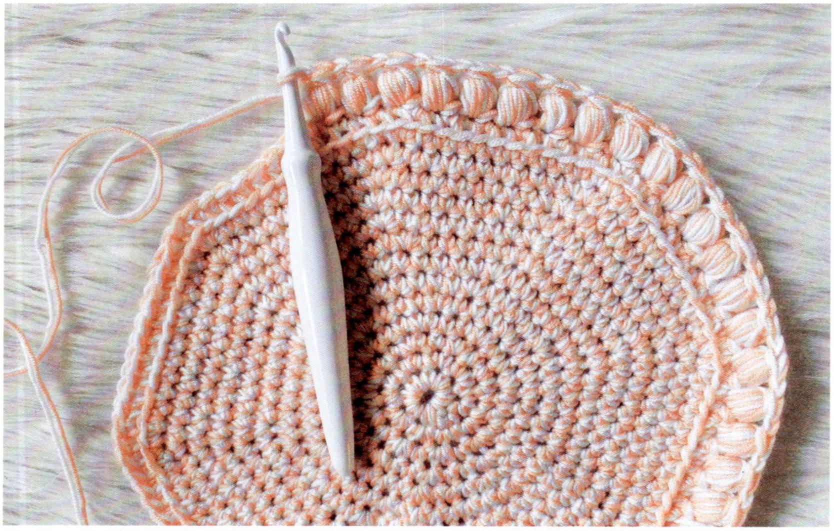

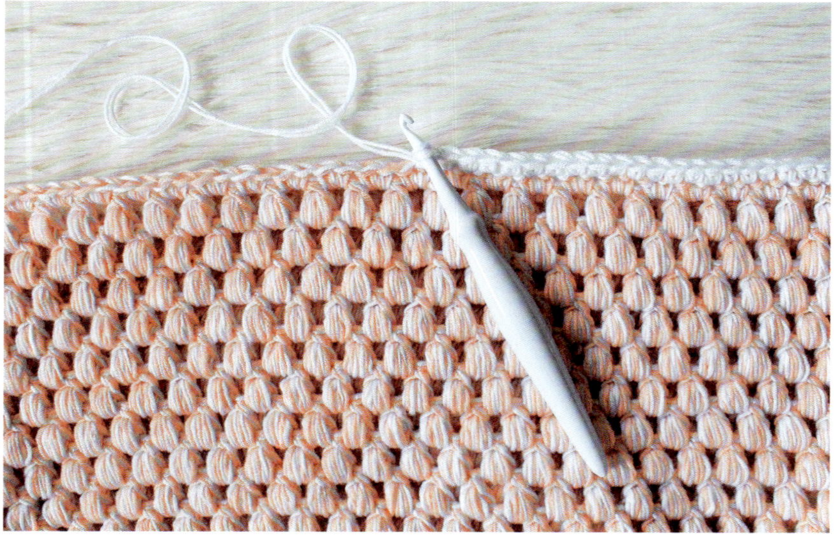

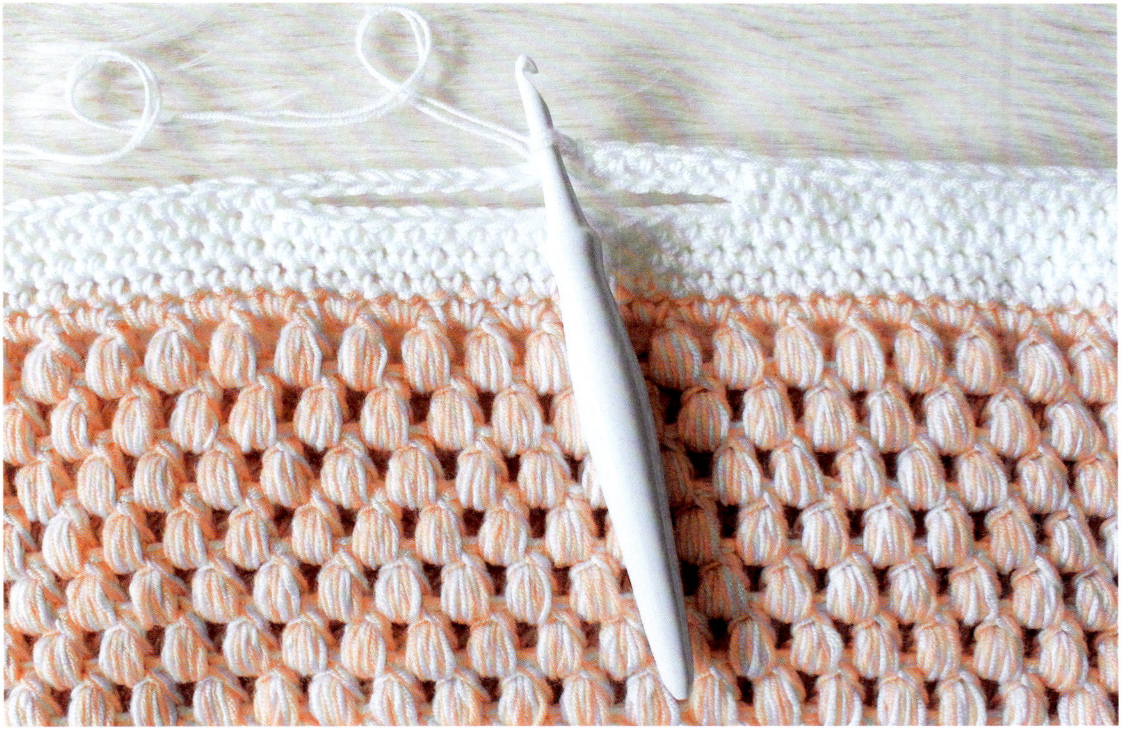

FERTIGMASS

23 cm (Durchmesser Boden), 46 cm (Breite) x 38 cm (Höhe)

GARN

The Hook Nook Small Stuff (100 % Acryl, 100 g): 3 Knäuel Minimalist (Farbe A), 2 Knäuel Pink Peony (Farbe B); oder Acrylgarn mit LL = 125 m / 50 g

NADEL

6,5 mm (US K/10,5)

EXTRAS

Maschenmarkierer

MASCHENPROBE

12 M und 14 Rh = 10 cm in fM bei doppeltem Faden.

BESONDERE ABKÜRZUNGEN

feste Maschen zunehmen (fMzun)
nur in hintere Maschenglieder einstechen (hMG)
Büschelmasche (BM) (siehe Seite 29)
Anmerkung: Wir arbeiten durchgehend in spiralförmiger Runde, deshalb sollte man unbedingt die letzte Masche der Vorrunde markieren. Schließlich soll das Ganze nicht in Frust enden ;)

TASCHE

Farbe A und Farbe B zusammenlegen und 2 LM anschlagen.
Rd 1: 6 fM in 2. LM ab Nadel – 6 fM.
Rd 2: fMzun in jeder M der Rd – 12 fM.
Rd 3: *fMzun, fM; ab * bis zum Ende wiederholen – 18 fM.

Rd 4: *fMzun in nächste M, fM in nächste 2 M; ab * wiederholen – 24 fM.
Rd 5: *fMzun in nächste M, fM in nächste 3 M; ab * wiederholen – 30 fM.
Rd 6: *fMzun in nächste M, fM in nächste 4 M; ab * wiederholen – 36 fM.
Rd 7: *fMzun in nächste M, fM in nächste 5 M; ab * wiederholen – 42 fM.
Rd 8: *fMzun in nächste M, fM in nächste 6 M; ab * wiederholen – 48 fM.
Rd 9: *fMzun in nächste M, fM in nächste 7 M; ab * wiederholen – 54 fM.
Rd 10: *fMzun in nächste M, fM in nächste 8 M; ab * wiederholen – 60 fM.
Rd 11: *fMzun in nächste M, fM in nächste 9 M; ab * wiederholen – 66 fM.
Rd 12: *fMzun in nächste M, fM in nächste 10 M; ab * wiederholen – 72 fM.
Rd 13: *fMzun in nächste M, fM in nächste 11 M; ab * wiederholen – 78 fM.
Rd 14: *fMzun in nächste M, fM in nächste 12 M; ab * wiederholen – 84 fM.
Rd 15: *fMzun in nächste M, fM in nächste 13 M; ab * wiederholen – 90 fM.
Rd 16: *fMzun in nächste M, fM in nächste 14 M; ab * wiederholen – 96 fM.
Rd 17: *fMzun in nächste M, fM in nächste 15 M; ab * wiederholen – 102 fM.
Rd 18: fM nur in hMG in jede M der Rd.
Anmerkung: Im Folgenden arbeiten wir nicht mehr in spiralförmig durchgehenden Runden, sondern in abgeschlossenen Runden.
Rd 19: *BM, 1 LM, 1 M überspr; ab * wiederholen; KM in erste BM.
Rd 20: 1 LM, *BM in nächste Lücke aus 1 LM, 1 LM, 1 M überspr; ab * wiederholen; KM in erste BM.
Rd 21–35: Wie Rd 20.
Rd 36: 1 LM, 2 fM in jede Lücke aus 1 LM, KM in erste fM.
Faden abschneiden und vernähen.

TRAGEGRIFFE

Nimm 2 Knäuel Farbe A zur Hand und lege die Fäden zusammen. Den Doppelfaden mittels KM an der letzten M befestigen.
Rd 37: 1 LM, fM in jede M der Rd; KM in 1. fM.
Rd 38–40: Wie Rd 37.
Rd 41: 1 LM, fM in die ersten 18 M, 15 LM, 15 M überspr, fM in nächste 36 M, 15 LM, 15 M überspr, fM in restliche 18 M; KM in 1. fM.
Rd 42–45: Wie Rd 37.
Rd 46: 1 LM, KM in jede M der Rd; KM in 1. KM.
Faden abschneiden und vernähen.

FERTIGSTELLUNG

Lege 2 Fäden der Farbe A zusammen und befestige den Doppelfaden mittels KM in der Ecke unterhalb des Tragegriffs. 1 LM, fM in jede M; KM in 1. fM.
Faden abschneiden und vernähen. Das Ganze für den zweiten Griff wiederholen.

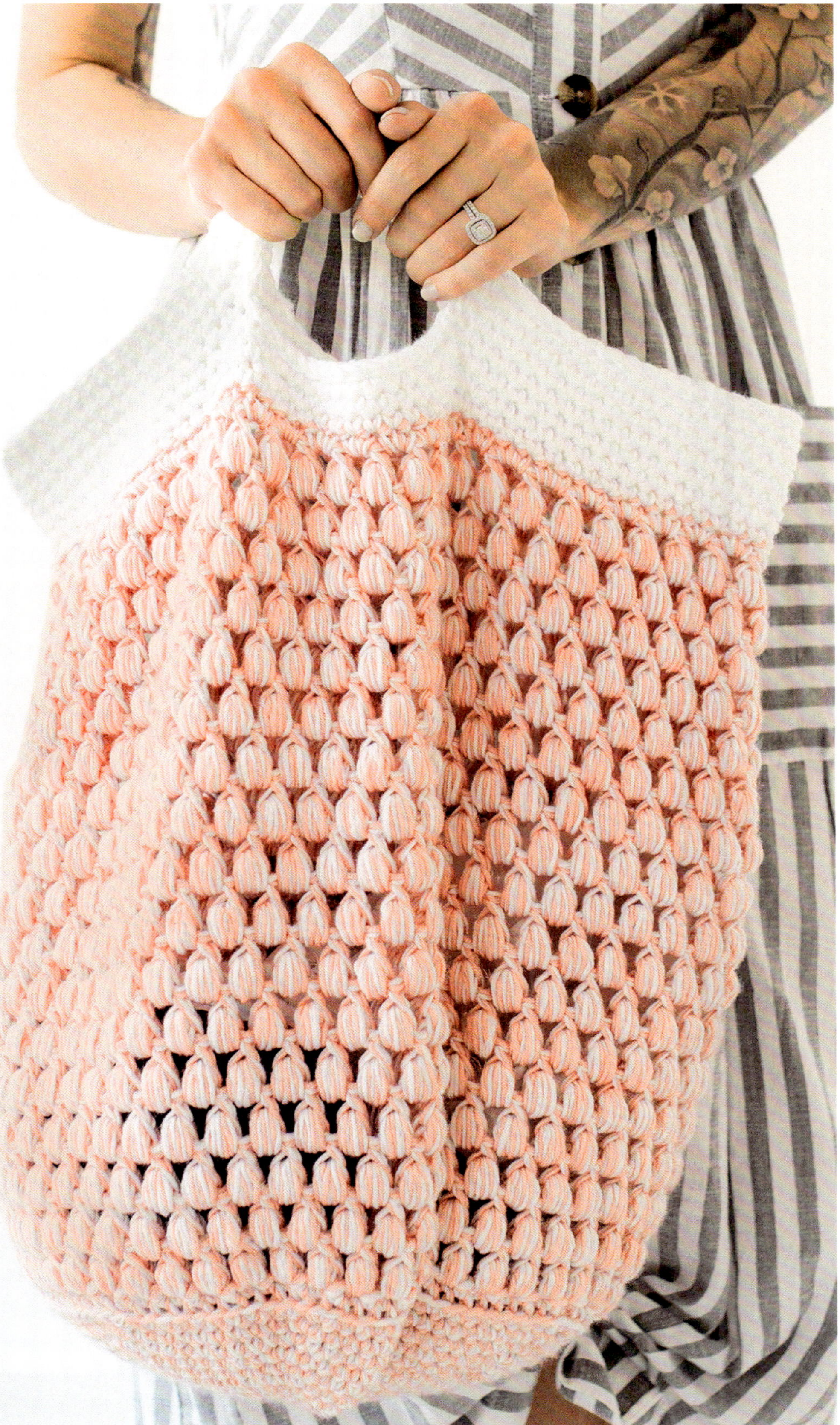

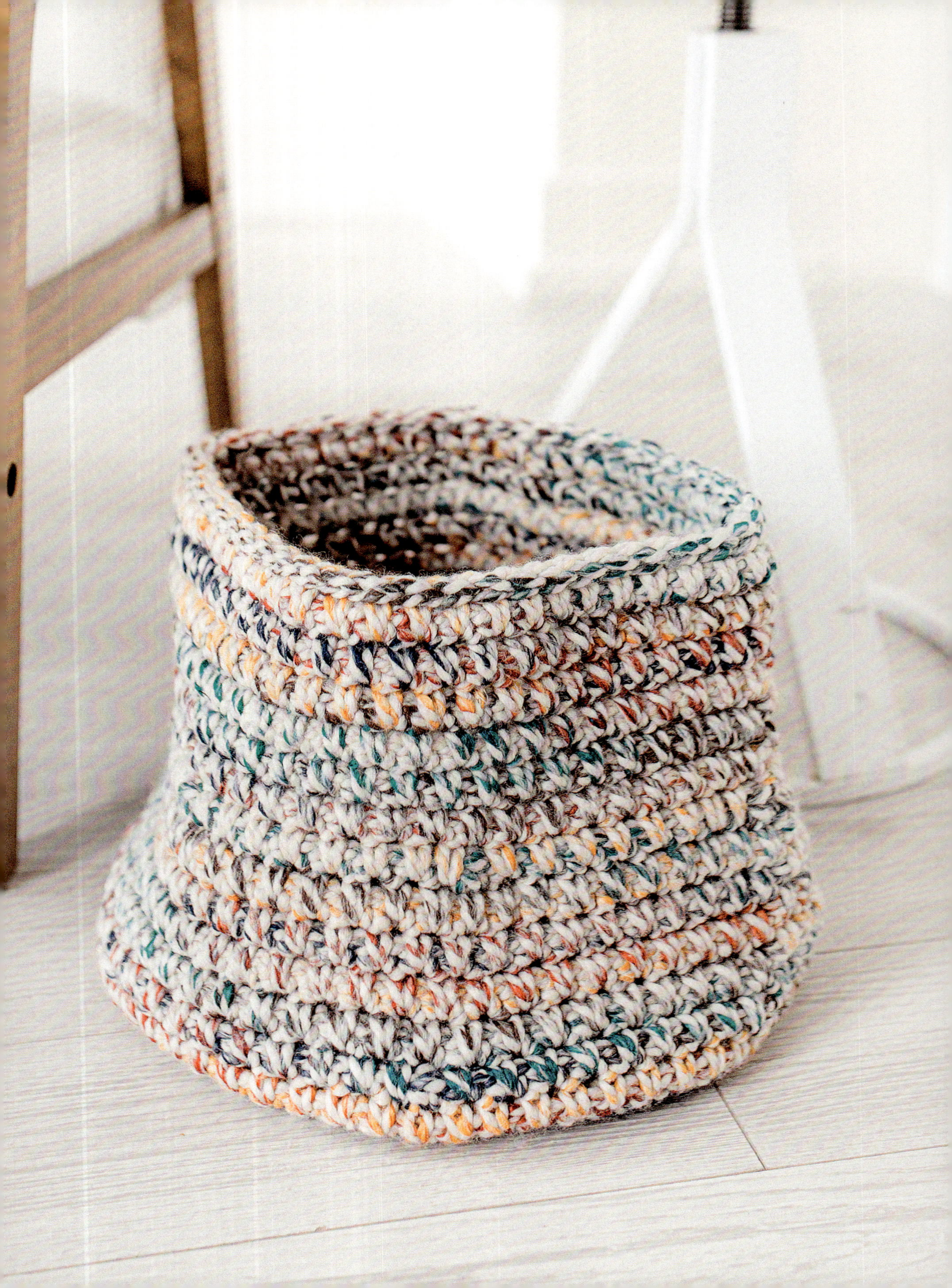

PRAKTISCHER AUFBEWAHRUNGSKORB

Das eigene Heim mit Selbstgemachtem zu schmücken, ist nicht nur preiswert, sondern auch die perfekte Art, es sich maximal gemütlich zu machen: Man hat die freie Wahl bei Material und Farbe, kann den Gedanken bei der Herstellung ihren Lauf lassen und verleiht den eigenen Räumen ein ganz persönliches und einzigartiges Flair – so einzigartig wie du selbst. Dieser Aufbewahrungskorb ist praktisch und hübsch anzusehen, eins meiner absoluten Lieblingsstücke. Gefertigt aus dickem Garn, ist der Korb blitzschnell fertig. Eine wunderbare Aufbewahrungsmöglichkeit für Spielsachen, Putzlappen oder ... wie wäre es mit all der Wolle? Während man in durchgehenden Runden arbeitet, setzt irgendwann ein Automatismus ein, und die Muskeln bewegen sich wie von allein. Dann hast du den Kopf frei, um die Gedanken schweifen zu lassen – besser geht es doch nicht?

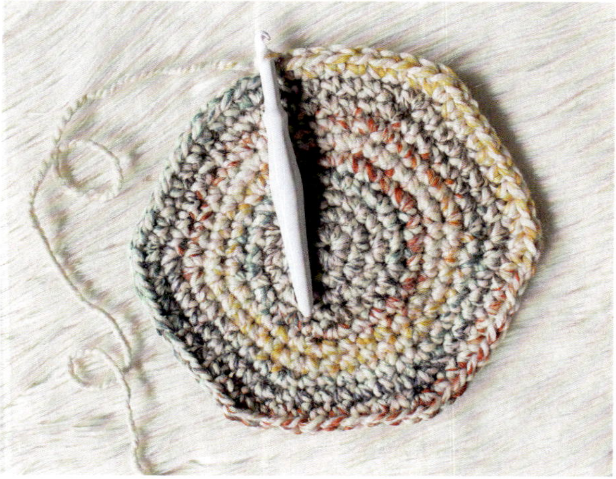

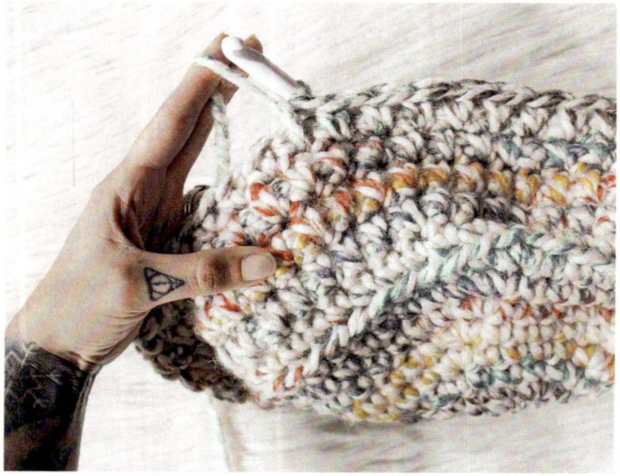

FERTIGMASS

33 cm Durchmesser Boden,
43 cm (Breite) x 24 cm (Höhe)

GARN

Lion Brand Wool-Ease Thick&Quick
(80 % Acryl/20 % Wolle, 140 g): 3 Knäuel
Fb 610 Hudson Bay; oder Mischgarn mit
LL = 55 m / 100 g

NADEL

10 mm (US N/15)

EXTRAS

Maschenmarkierer

MASCHENPROBE

8 M und 9 Rh = 10 x 10 cm in fM

BESONDERE ABKÜRZUNGEN

feste Maschen zunehmen (fMzun)
feste Maschen abnehmen (fMabn)
nur in hintere Maschenglieder einstechen (hMG)

Anmerkung: Wir arbeiten in spiralförmig durchgehender Runde, deshalb sollte man unbedingt jedes Mal die letzte Masche der Vorrunde markieren. Schließlich soll das Ganze nicht in Frust enden ;)

KORB

2 LM anschlagen.

Rd 1: 6 fM in 2. LM ab Nadel – 6 fM.

Rd 2: fMzun in jeder M der Rd – 12 fM

Rd 3: *fMzun, fM; ab * wiederholen – 18 fM.

Rd 4: *fMzun, fM in nächste 2 M;
ab * wiederholen – 24 fM.
Rd 5: *fMzun, fM in nächste 3 M;
ab * wiederholen – 30 fM.
Rd 6: *fMzun, fM in nächste 4 M;
ab * wiederholen – 36 fM.
Rd 7: *fMzun, fM in nächste 5 M;
ab * wiederholen – 42 fM.
Rd 8: *fMzun, fM in nächste 6 M;
ab * wiederholen – 48 fM.
Rd 9: *fMzun, fM in nächste 7 M;
ab * wiederholen – 54 fM.
Rd 10: *fMzun, fM in nächste 8 M;
ab * wiederholen – 60 fM.
Rd 11: fM nur in hMG in jede M der Rd.
Rd 12: fM in jede M der Rd.
Rd 13: fM in jede M der Rd, dabei Nadel am Fuß der fM der Vorrunde einstechen.
Rd 14–15: Wie Rd 12-13.
Rd 16: *fMabn, fM in nächste 8 M;
ab * wiederholen – 54 fM.
Rd 17: Wie Rd 13.
Rd 18–25: Wie Rd 12-13.
Rd 26: *fMabn, fM in nächste 7 M;
ab * wiederholen – 48 fM.
Rd 27: Wie Rd 13.
Rd 28–37: Wie Rd 12-13.
Rd 38: KM in jede M bis zum Ende; KM in 1. KM der Rd.
Faden abschneiden und vernähen.
Für mehr Stabilität den Rand des Korbs nach außen umklappen.

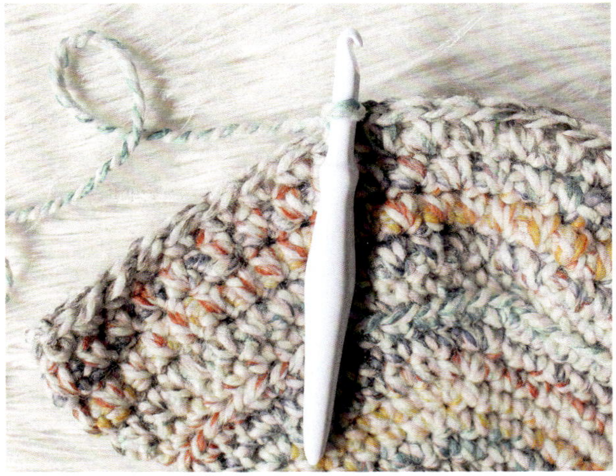

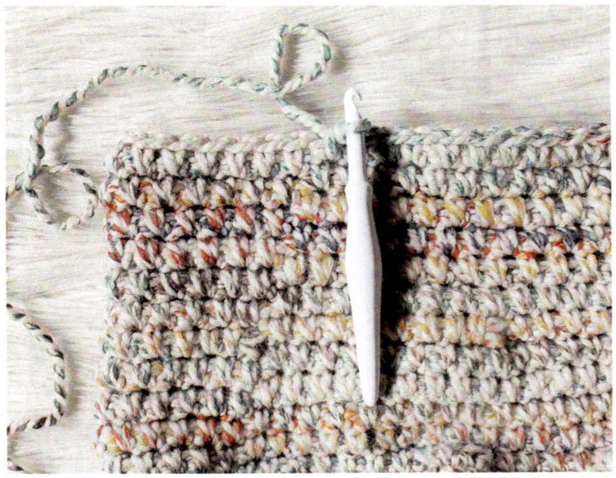

LIEBE

Es gab Zeiten, da war ich überzeugt, meine Probleme ganz allein in den Griff zu bekommen. Da wollte ich niemanden mit meinem Kram belasten, schließlich haben wir alle genug um die Ohren. Außerdem war ich stolz auf meine Unabhängigkeit, und da passte es nun mal nicht ins Bild, wenn ich andere um Rat oder Hilfe bat.

Mittlerweile habe ich gelernt, dass wir nicht allein durchs Leben gehen müssen. Keiner verlangt von uns, dass wir die ganze Last alleine schultern, stattdessen sollten wir uns Unterstützung bei anderen holen und ihnen im Gegenzug unter die Arme greifen. Freundschaften und zwischenmenschliche Beziehungen sind Geschenke – Geschenke, die uns inspirieren, Sicherheit geben, Mut machen, helfen, neue Sichtweisen einzunehmen und neue Ideen zu entwickeln, und nicht zuletzt, unser Joch zu tragen. Wenn wir uns der Liebe zu unseren Mitmenschen öffnen und sie annehmen, profitieren wir in einem Maß davon, wie wir es nie für möglich gehalten hätten.

Das Geheimnis dieser Welt liegt in der Fähigkeit, zu lieben und sich lieben zu lassen. Überleg doch einmal – gibt es jemanden in deinem Leben, der dich bedingungslos liebt? Bei mir war es meine Nana, die Mutter meines Vaters. Mein ganzes Leben lang, durch alle Höhen und Tiefen hat sie mich begleitet und aufgerichtet, wenn ich am Boden war.

Sie hat mir in schwierigen Situationen geholfen, das Licht am Horizont nicht aus den Augen zu verlieren. Wir beide sind wahre Optimistinnen. Diese Frau liebt mich trotz all meiner Fehler – oder gerade deswegen. Sie sieht mich, wie ich wirklich bin, und hat es mir ermöglicht, im steten Auf und Ab zu wachsen und dazuzulernen. Sie war immer für mich da und hat mir gezeigt, wie bedingungslose Liebe aussieht, und dank ihr bin ich stärker geworden und habe gelernt, mich als jemanden zu sehen, der Gutes verdient hat, auch Liebe.

Diese Liebe war für meine leidgeplagte Seele die Rettung, und genau das möchte ich auch anderen ermöglichen. Es mag Angst machen, Liebe zuzulassen, denn sie macht verletzlich, aber die Vorteile liegen klar auf der Hand. Für andere etwas herzustellen ist auch eine Art, Liebe auszudrücken. Man investiert Zeit und schenkt sich gedanklich Zuwendung, und das ist etwas, das der andere ein Leben lang in Ehren halten wird. Gehen wir noch ein Stück weiter: Wie wir bereits gehört haben, kann Handarbeit eine sehr persönliche Erfahrung sein, ein Akt der bewussten Selbstreflexion. Diese Erfahrung in einem greifbaren Ergebnis mit anderen zu teilen, ist eine tolle Art, anderen etwas von sich selbst zu zeigen. Wer seinerseits etwas Selbstgemachtes erhält und zu schätzen weiß, wie viel Zeit und Mühe darin stecken, hat wiederum umso mehr Grund zur Freude! Vor einigen Jahren hat eine befreundete Designerin einen Pullover designt und eigens ein Exemplar für mich gehäkelt! Es war unglaublich … Ich saß da und musste weinen, als ich ihn das erste Mal anprobierte. Diesen Pullover liebe ich bis heute heiß und innig und halte ihn in Ehren.

In unserer schnelllebigen Welt ist es so viel einfacher, Geschenke im Laden zu besorgen, denn schließlich heißt es „Zeit ist Geld“. Wenn wir uns also entschließen, unsere kostbare Zeit zu opfern und etwas sehr viel Persönlicheres zu schenken, bringen wir eine Wertschätzung zum Ausdruck, wie es ein fertig gekauftes Produkt niemals könnte.

Tatsächlich habe ich selbst mir das Häkeln beigebracht, weil ich die Liebe zu meiner Tochter in eine greifbare Form bringen wollte. Ich wollte, dass sie etwas Handgemachtes von mir bekommt, das sie an ihre eigenen Kinder weitergeben kann, und ich wollte etwas Greifbares mit meiner unbegreiflichen Liebe durchwirken, damit sie sie spüren kann, ganz gleich, ob ich nun bei ihr bin oder nicht. Ein ganz besonderes Stück, das meine Tochter über alles liebt, ist das gehäkelte Einhorn. Ich habe es ihr mit fast vier Jahren zu Weihnachten geschenkt. Jetzt wird sie bald zehn, aber sie kuschelt nach wie vor jeden Abend vor dem Einschlafen damit – und ja, das Kuscheltier besitzt sogar seine eigene Schlafmaske.

In diesem Kapitel stelle ich ein einfaches Amigurumi-Muster vor, aus dem man verschiedene Tiere, auch das Einhorn, häkeln kann. Ganz gleich, ob du dich für Blythe, Bram, Iona oder Mathieu entscheidest, ich möchte, dass du dich mit jeder einzelnen Masche auf die Liebe konzentrierst, die du damit weitergeben möchtest. Stecke deine ganze Energie in das jeweilige Projekt! Eine solche Art von Geschenk kann das Leben des Beschenkten verändern und vielleicht sogar seine Sicht auf die Liebe.

Entscheide dich aktiv dafür, anderen Liebe und Freude zu schenken, damit auch sie dasselbe wieder für andere tun können.

„Niemand hat Gott jemals gesehen. Wenn wir uns untereinander lieben, so bleibt Gott in uns, und seine Liebe ist in uns vollkommen."

- 1. Johannes 4,12

„Kurzum, du bist geschützt durch deine Fähigkeit zu lieben!"

- Albus Dumbledore, *Harry Potter und der Halbblutprinz*

„Es gibt nur ein Glück im Leben: lieben und geliebt zu werden."

- George Sand

AUFGABE

Ich möchte dich ermuntern, mit Liebe um dich zu werfen, großzügig, als würdest du Streusel über einen Eisbecher sprenkeln. Keine Zurückhaltung, du kannst es gar nicht übertreiben. Jeder Mensch, dem du begegnest, soll wissen, dass er es wert ist, geliebt zu werden. Zeige es mit deinen Worten, Talenten und ganz besonders deinen Häkelprodukten – alles, was du gibst, soll andere nur auf einen Pfad führen: den Pfad der Liebe.

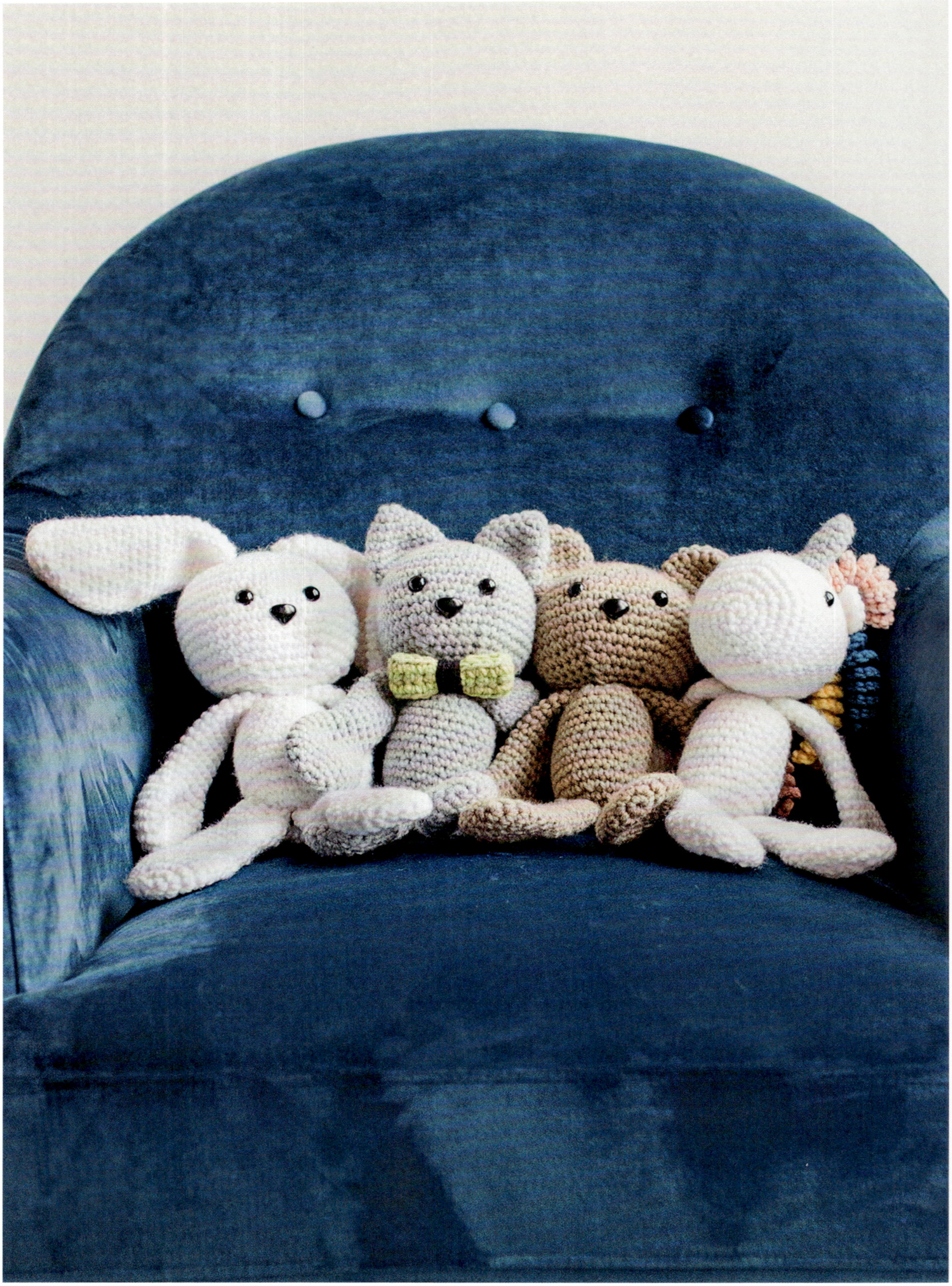

AMIGURUMI

Ich bin überzeugt, dass man selbst immens davon profitiert, wenn man geliebten Menschen handgemachte Dinge schenkt. In einer Welt, in der es nur noch um sinnlosen Konsum geht und wir mit Kaufangeboten überschüttet werden, kann man gerade bei Kindern mit solchen wunderschönen, langlebigen Dingen viel verändern. Zu sehen, dass jemand Zeit, Geld und Geschick in ein Geschenk investiert hat, hinterlässt Eindruck. Mit diesem Gedanken habe ich die Anleitungen für die folgenden Kuscheltiere entworfen. Beglücke ein Kind mit einem neuen besten Freund, der es tagtäglich daran erinnert, wie besonders es ist und wie sehr es geliebt wird.

KATZE „MATHIEU“

Mathieu ist ein weltgewandter Gentleman, der sich gern mit einem Wollknäuel, einer guten Tasse Tee und seinem Lieblingsmenschen einkuschelt. Mach ihm ein Kompliment für seine elegante Fliege, und er wird dir auf ewig in Freundschaft verbunden sein.

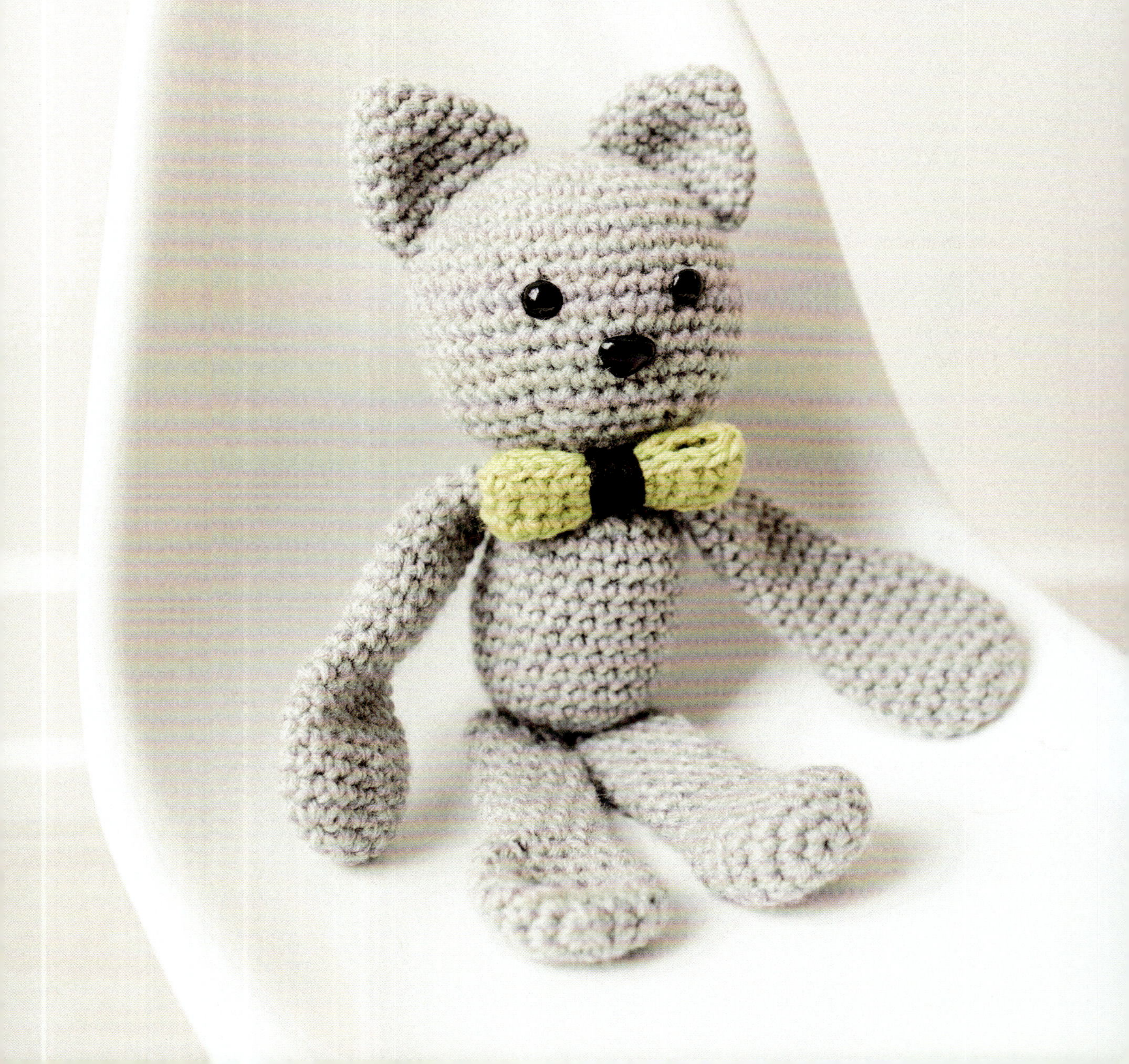

FERTIGMASS

33 cm x 9,5 cm (Höhe mal Breite)

GARN

Caron One Pound (100 % Acryl, 454 g): je 1 Knäuel Grau (Farbe A), Grasgrün (Farbe B) und Schwarz (Farbe C); oder Acrylgarn mit LL = 80 m / 50 g

NADEL

10 mm (US N/15)

EXTRAS

Maschenmarkierer
Füllwatte
12 mm Sicherheitsaugen
18 mm Sicherheitsnase
Stopfnadel

MASCHENPROBE

14 M und 16 Rh = 10 x 10 cm in fM

BESONDERE ABKÜRZUNGEN

feste Maschen zunehmen (fMzun)
feste Maschen abnehmen (fMabn)

Anmerkung: Wir arbeiten in spiralförmig durchgehender Runde, deshalb sollte man unbedingt die letzte Masche der Vorrunde markieren. Schließlich soll das Ganze nicht in Frust enden ;)

KOPF

2 LM anschlagen.
Rd 1: 6 fM in 2. LM ab Nadel – 6 fM.
Rd 2: fMzun in jeder M der Rd – 12 fM.
Rd 3: *fMzun, fM; ab * wiederholen – 18 fM.
Rd 4: *fMzun, fM in nächste 2 M; ab * wiederholen – 24 fM.
Rd 5–14: fM in jede M der Rd.
In Rd 10 Augen im Abstand von 5 M befestigen, die Nase in Rd 13. Den Kopf zum Großteil mit Watte füllen.
Rd 15: *fMzun, fM in nächste 4 M; ab * wiederholen – 30 fM.
Rd 16: *fMabn, fM in nächste 3 M; ab * wiederholen – 24 fM.
Rd 17: *fMabn, fM in nächste 2 M; ab * wiederholen – 18 fM.
Mit Watte auffüllen.
Rd 18: *fMabn, fM in nächste M; ab * wiederholen – 12 fM.
Den Kopf noch einmal mit Watte auffüllen. Er sollte fest sein, aber noch leicht nachgeben. Perfekt zum Knuddeln!
Rd 19: fMabn in jeder M der Rd; mit KM Rd schließen – 6 fM.
30 cm vom Faden abmessen und abschneiden.

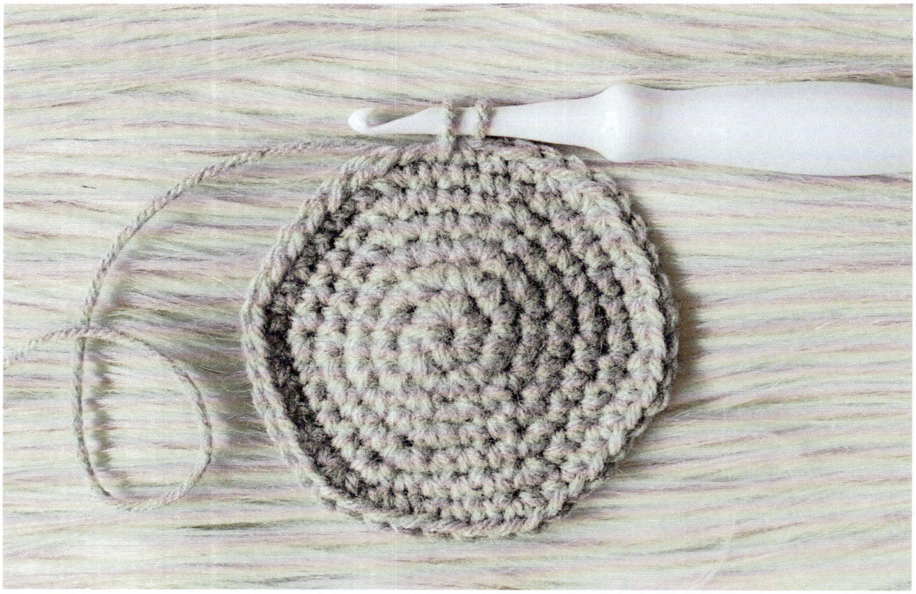

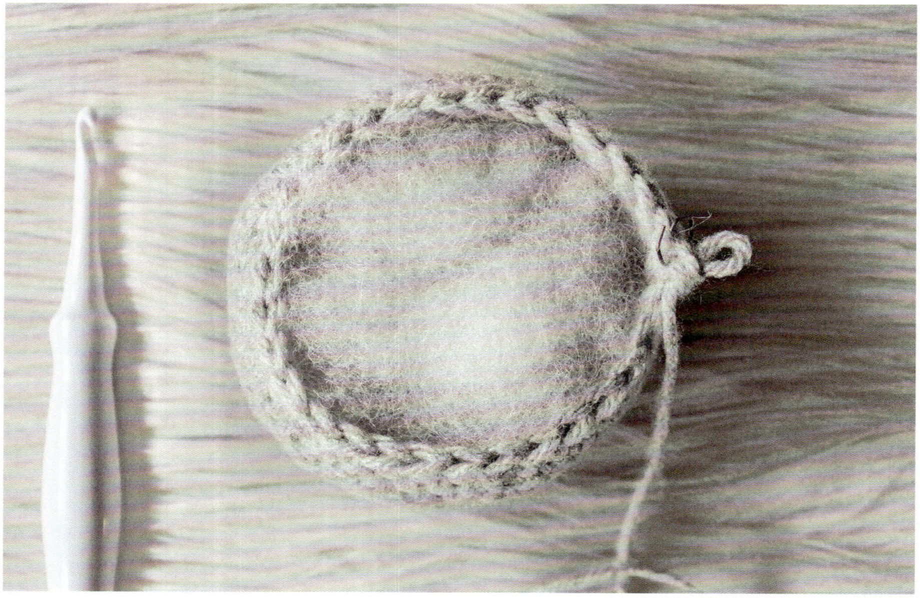

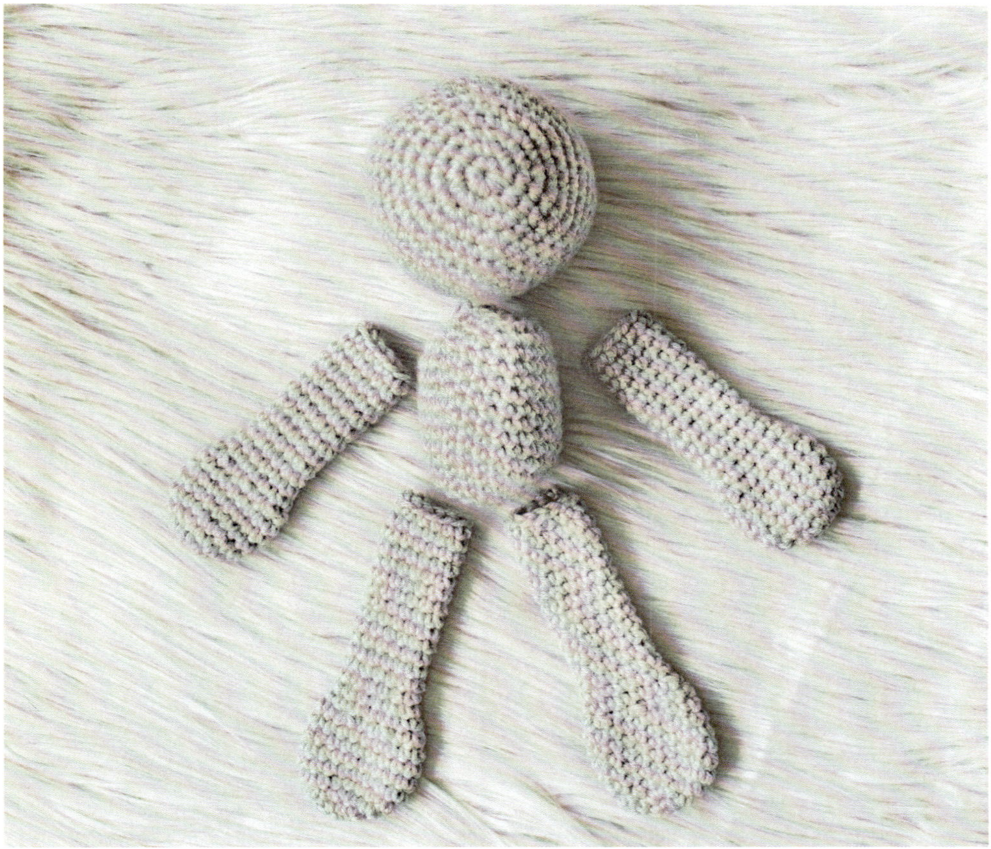

KÖRPER

2 LM anschlagen.

Rd 1: 6 fM in 2. LM ab Nadel – 6 fM.

Rd 2: fMzun in jeder M der Rd – 12 fM.

Rd 3: *fMzun, fM in nächste M; ab * wiederholen – 18 fM.

Rd 4: *fMzun, fM in nächste 2 M; ab * wiederholen – 24 fM.

Rd 5–14: fM in jede M der Rd.

Rd 15: *fMabn, fM in nächste 2 M; ab * wiederholen – 18 fM.

Den Körper zum Großteil mit Watte füllen.

Rd 16: *fMabn, fM in nächste M; ab * wiederholen – 12 fM.

Den Körper weiter mit Watte füllen. Er sollte fest sein, aber noch leicht nachgeben. Perfekt zum Knuddeln!

Rd 17: fMabn in jeder M der Rd; Rd mit KM schließen – 6 fM.

30 cm vom Faden abmessen und abschneiden.

ARME (2 STÜCK)

2 LM anschlagen.

Rd 1: 6 fM in 2. LM ab Nadel – 6 fM.

Rd 2: fMzun in jeder M der Rd – 12 fM.

Rd 3: *fMzun, fM; ab * wiederholen – 18 fM.

Rd 4–7: fM in jede M der Rd.

Rd 8: *fMabn, fM in nächste 2 M; ab * wiederholen – 12 fM.

Rd 9–21: fM in jede M der Rd; KM in 1. fM der Rd.

30 cm vom Faden abmessen und abschneiden.

BEINE (2 STÜCK)

2 LM anschlagen.

Rd 1: 6 fM in 2. LM ab Nadel – 6 fM.

Rd 2: fMzun in jeder M der Rd – 12 fM.

Rd 3: *fMzun, fM; ab * wiederholen – 18 fM.

Rd 4–9: fM in jede M der Rd.

Rd 10: *fMabn, fM in nächste 2 M; ab * wiederholen – 12 fM.

Rd 11–26: fM in jede M der Rd; KM in 1. fM der Rd.

30 cm vom Faden abmessen und abschneiden.

OHREN (2 STÜCK)

2 LM anschlagen.

Rd 1: 6 fM in 2. LM ab Nadel – 6 fM.

Rd 2: fM in jede M der Rd.

Rd 3: fMzun in jeder M der Rd – 12 fM.

Rd 4: fM in jede M der Rd.

Rd 5: *fMzun, fM; ab * wiederholen – 18 fM.

Rd 6–8: fM in jede M der Rd; KM in erste fM.

30 cm vom Faden abmessen und abschneiden.

FLIEGE

Mit Farbe B 3 LM anschlagen.

Rh 1: fM in zweite LM ab Nadel und in nächste LM – 2 fM.

Rh 2–20: 1 LM, wenden, fM in jede M.

Rh 21: 1 LM, wenden, fM einmal um das Rechteck herum, dabei 3 fM in jede Eckmasche arbeiten; KM in erste fM.

Zusammenklappen und die kurzen Enden mit KM verbinden. Faden abschneiden und vernähen.

Faden in Farbe C um die Mitte des Rechtecks wickeln, sodass die Verbindungsstelle verdeckt ist. Auf der Rückseite verknoten, 30 cm vom Faden abmessen und abschneiden.

FERTIGSTELLUNG

Lege die Arme am Oberkörper an. Nähe sie mit dem abgeschnittenen Faden und der Stopfnadel fest. Befestige die Ohren oben am Kopf, im Abstand von drei Reihen. Nähe den Kopf an den Körper, gleich oberhalb der Arme. Nähe die Beine am unteren Ende des Körpers fest, direkt nebeneinander. Befestige die Fliege an der Verbindungsstelle zwischen Kopf und Körper. Sämtliche Fäden vernähen.

HASE „BLYTHE“

Blythe liebt es, sich die Ohren kraulen zu lassen, und ist der perfekte Begleiter im Kinderwagen. Die Hasendame ist ruhig und freundlich, und es gibt sie in jeder erdenklichen Farbe. Wer eine Freundin wie sie hat, kann sich glücklich schätzen.

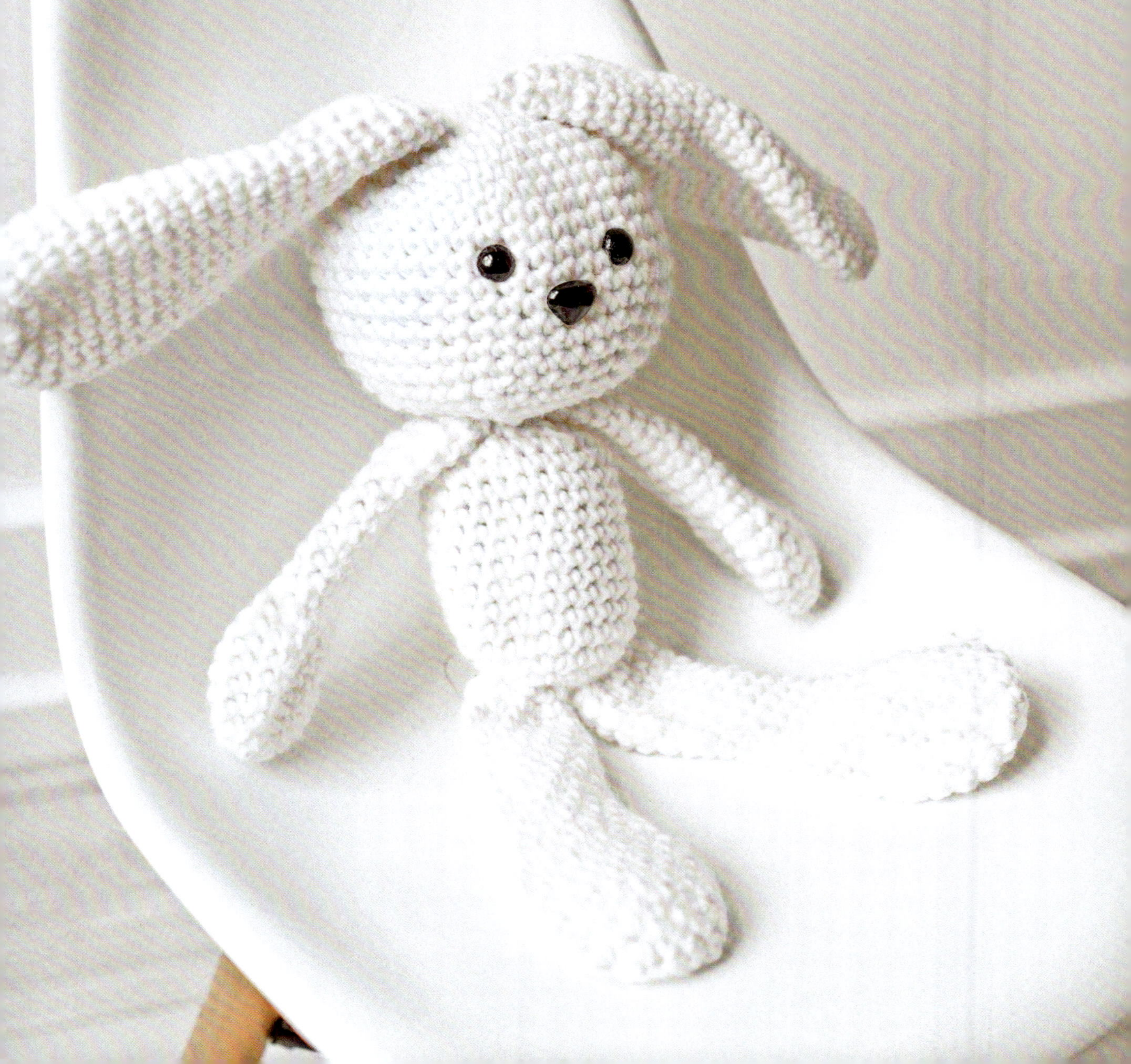

FERTIGMASS

33 cm x 14 cm (Höhe mal Breite)

GARN

Caron One Pound (100 % Acryl, 454 g):
1 Knäuel Fb 501 Bright White; oder Acrylgarn mit LL = 80 m / 50 g

NADEL

10 mm (US N/15)

ZUSÄTZLICH

Maschenmarkierer
Füllwatte
12 mm Sicherheitsaugen
18 mm Sicherheitsnase
Stopfnadel

MASCHENPROBE

14 M und 16 Rh = 10 x 10 cm in fM

BESONDERE ABKÜRZUNGEN

feste Maschen zunehmen (fMzun)
feste Maschen abnehmen (fMabn)
Anmerkung: Wir arbeiten in spiralförmig durchgehender Runde, deshalb sollte man unbedingt die letzte Masche der Vorrunde markieren. Schließlich soll das Ganze nicht in Frust enden ;)

KOPF

2 LM anschlagen.
Rd 1: 6 fM in 2. LM ab Nadel – 6 fM.
Rd 2: fMzun in jeder M der Rd – 12 fM.
Rd 3: *fMzun, fM; ab * wiederholen – 18 fM.
Rd 4: *fMzun, fM in nächste 2 M; ab * wiederholen – 24 fM.
Rd 5–14: fM in jede M der Rd.
In Rd 10 Augen im Abstand von 5 M befestigen, die Nase in Rd 13. Kopf mit Watte füllen.
Rd 15: *fMzun, fM in nächste 4 M; ab * wiederholen – 30 fM.
Rd 16: *fMabn, fM in nächste 3 M; ab * wiederholen - 24 fM.
Rd 17: *fMabn, fM in nächste 2 M; ab * wiederholen – 18 fM.
Kopf weiter mit Watte auffüllen.
Rd 18: *fMabn, fM; ab * wiederholen – 12 fM.
Den Kopf noch einmal mit Watte auffüllen. Er sollte fest sein, aber noch leicht nachgeben. Perfekt zum Knuddeln eben!
Rd 19: fMabn in jeder M der Rd; Rd mit KM schließen – 6 fM.
30 cm vom Faden abmessen und abschneiden.

KÖRPER

2 LM anschlagen.
Rd 1: 6 fM in 2. LM ab Nadel – 6 fM.
Rd 2: fMzun in jeder M der Rd – 12 fM.
Rd 3: *fMzun, fM; ab * wiederholen – 18 fM.
Rd 4: *fMzun, fM in nächste 2 M; ab * wiederholen – 24 fM.
Rd 5–14: fM n jede M der Rd.
Rd 15: *fMabn, fM in nächste 2 M; ab * wiederholen – 18 fM.
Mit Watte auffüllen.
Rd 16: *fMabn, fM; ab * wiederholen – 12 fM.

Körper ein letztes Mal mit Watte ausstopfen. Er sollte fest sein, aber noch leicht nachgeben. Perfekt zum Knuddeln eben!

Rd 17: fMabn in jeder M der Rd; Rd mit KM schließen – 6 fM.

30 cm vom Faden abmessen und abschneiden.

ARME (2 STÜCK)

2 LM anschlagen.

Rd 1: 6 fM in 2. LM ab Nadel – 6 fM.

Rd 2: fMzun in jeder M der Rd – 12 fM.

Rd 3: *fMzun, fM; ab * wiederholen – 18 fM.

Rd 4–7: fM in jede M der Rd.

Rd 8: *fMabn, fM in nächste 2 M; ab * wiederholen – 12 fM.

Rd 9–21: fM in jede M der Rd; KM in 1. fM.

30 cm vom Faden abmessen und abschneiden.

BEINE (2 STÜCK)

2 LM anschlagen.

Rd 1: 6 fM in 2. LM ab Nadel – 6 fM

Rd 2: fMzun in jeder M der Rd – 12 fM.

Rd 3: *fMzun, fM; ab * wiederholen – 18 fM.

Rd 4–9: fM in jede M der Rd.

Rd 10: *fMabn, fM in nächste 2 M; ab * wiederholen – 12 fM.

Rd 11–26: fM in jede M der Rd.; KM in 1. fM.

30 cm vom Faden abmessen und abschneiden.

OHREN (2 STÜCK)

2 LM anschlagen.

Rd 1: 6 fM in 2. LM ab Nadel – 6 fM.

Rd 2: fMzun in jeder M der Rd – 12 fM.

Rd 3: *fMzun, fM; ab * wiederholen – 18 fM.

Rd 4–26: fM in jede M der Rd; KM in 1. fM.

30 cm vom Faden abmessen und abschneiden.

SCHWANZ

2 LM anschlagen.

Rd 1: 6 fM in 2. LM ab Nadel – 6 fM.

Rd 2: fMzun in jeder M der Rd – 12 fM.

Rd 3–4: fM in jede M der Rd.

Rd 5: fMabn in jeder M der Rd – 6 fM.

30 cm vom Faden abmessen und abschneiden.

FERTIGSTELLUNG

Lege die Arme am Oberkörper an. Nähe sie mit dem abgeschnittenen Faden und der Stopfnadel fest. Befestige die Ohren oben am Kopf, im Abstand von sechs Reihen. Nähe den Kopf an den Körper, gleich oberhalb der Arme. Nähe die Beine am unteren Ende des Körpers fest, direkt nebeneinander. Befestige den Schwanz unten an der Rückseite des Körpers. Sämtliche Fäden vernähen.

BÄR „BRAM“

Bär Bram ist Traditionalist, die absolute Lieblingsbeschäftigung dieses netten Kerls ist Schlafen, aber wenn man es schafft, ihn lange genug wach zu halten, ist er ein hervorragender Geschichtenerzähler. Ein wahrer Wortakrobat, er hat immer einen frechen Spruch auf den Lippen.

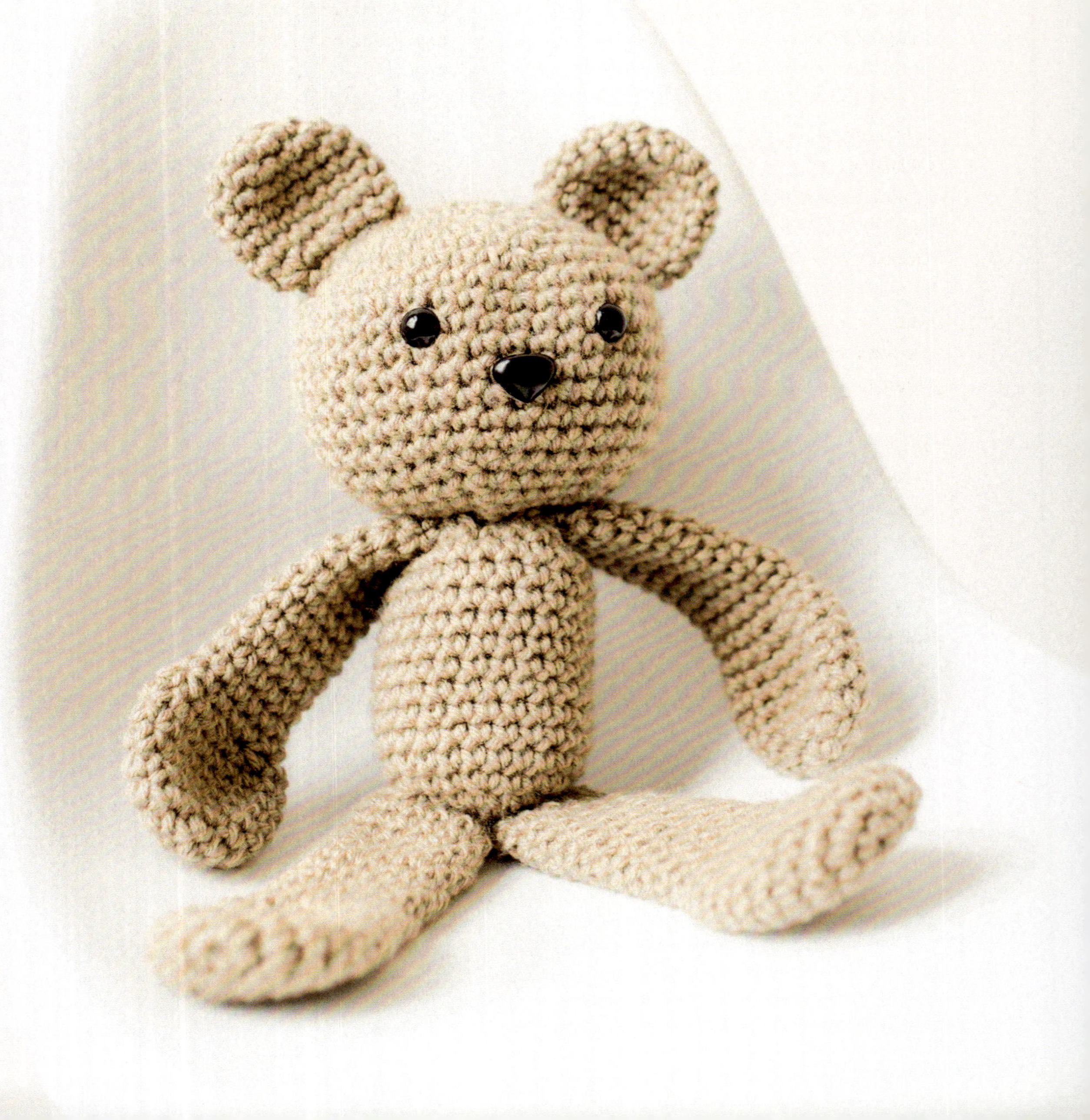

FERTIGMASS

33 cm x 9,5 cm (Höhe mal Breite)

GARN

Caron One Pound (100 % Acryl, 454 g):
1 Knäuel Fb 511 Taupe; oder Acrylgarn mit LL = 80 m / 50 g

NADEL

10 mm (US N/15)

EXTRAS

Maschenmarkierer
Füllwatte
12 mm Sicherheitsaugen
18 mm Sicherheitsnase
Stopfnadel

BESONDERE ABKÜRZUNGEN

feste Masche zunehmen (fMzun)
feste Masche abnehmen (fMabn)

MASCHENPROBE

14 M und 16 Rh = 10 x 10 cm in fM

Anmerkung: Wir arbeiten in spiralförmig durchgehender Runde, deshalb sollte man unbedingt jedes Mal die letzte Masche der Vorrunde markieren. Schließlich soll das Ganze nicht in Frust enden ;)

KOPF

2 LM anschlagen.
Rd 1: 6 fM in 2. LM ab Nadel – 6 fM.
Rd 2: fMzun in jeder M der Rd – 12 fM.
Rd 3: *fMzun, fM; ab * wiederholen – 18 fM.
Rd 4: *fMzun, fM in nächste 2 M; ab * wiederholen – 24 fM.
Rd 5–14: fM in jede M der Rd.
In Rd 10 Augen im Abstand von 6 M befestigen, die Nase in Rd 13. Kopf mit Watte ausstopfen.
Rd 15: *fMzun, fM in nächste 4 M; ab * wiederholen – 30 fM.
Rd 16: *fMabn, fM in nächste 3 M; ab * wiederholen – 24 fM.
Rd 17: *fMabn, fM in nächste 2 M; ab * wiederholen – 18 fM.
Kopf weiter mit Watte füllen.
Rd 18: *fMabn, fM; ab * wiederholen – 12 fM.
Den Kopf noch einmal mit Watte ausstopfen. Er sollte fest sein, aber noch leicht nachgeben. Perfekt zum Knuddeln!
Rd 19: fMabn in jeder M der Rd; Rd mit KM schließen – 6 fM.
30 cm vom Faden abmessen und abschneiden.

KÖRPER

2 LM anschlagen.
Rd 1: 6 fM in 2. LM ab Nadel – 6 fM.
Rd 2: fMzun in jeder M der Rd – 12 fM.
Rd 3: *fMzun, fM; ab * wiederholen – 18 fM.
Rd 4: *fMzun, fM in nächste 2 M; ab * wiederholen – 24 fM.
Rd 5–14: fM in jede M der Rd.
Rd 15: *fMabn, fM in nächste 2 M; ab * wiederholen – 18 fM.
Mit Watte auffüllen.
Rd 16: *fMabn, fM; ab * wiederholen – 12 fM.

Den Körper noch einmal mit Watte füllen. Er sollte fest sein, aber noch leicht nachgeben. Perfekt zum Knuddeln!

Rd 17: fMabn in jeder M der Rd; Rd mit KM schließen – 6 fM.

30 cm vom Faden abmessen und abschneiden.

ARME (2 STÜCK)

2 LM anschlagen.

Rd 1: 6 fM in 2. LM ab Nadel – 6 fM.

Rd 2: fMzun in jeder M der Rd – 12 fM.

Rd 3: *fMzun, fM; ab * wiederholen – 18 fM.

Rd 4–7: fM in jede M der Rd

Rd 8: *fMabn, fM in nächste 2 M; ab * wiederholen – 12 fM.

Rd 9–21: fM in jede M der Rd; KM in 1. fM der Rd.

30 cm vom Faden abmessen und abschneiden.

BEINE (2 STÜCK)

2 LM anschlagen.

Rd 1: 6 fM in 2. LM ab Nadel – 6 fM.

Rd 2: fMzun in jeder M der Rd – 12 fM.

Rd 3: *fMzun, fM; ab * wiederholen – 18 fM.

Rd 4–9: fM in jede M der Rd.

Rd 10: *fMabn, fM in nächste 2 M; ab * wiederholen – 12 fM.

Rd 11–26: fM in jede M der Rd; KM in 1. fM der Rd.

30 cm vom Faden abmessen und abschneiden.

OHREN (2 STÜCK)

2 LM anschlagen.

Rd 1: 6 fM in 2. LM ab Nadel – 6 fM.

Rd 2: fMzun in jeder M der Rd – 12 fM.

Rd 3: *fMzun, fM; ab * wiederholen – 18 fM.

Rd 4–7: fM in jede M der Rd.

Rd 8: *fMabn, fM; ab * wiederholen – 12 fM.

30 cm Faden abmessen und abschneiden.

FERTIGSTELLUNG

Lege die Arme am Oberkörper an. Nähe sie mit dem Faden und der Stopfnadel fest. Befestige die Ohren oben am Kopf, sechs Reihen voneinander entfernt. Nähe den Kopf an den Körper, gleich oberhalb der Arme. Nähe die Beine am unteren Ende des Körpers fest, direkt nebeneinander. Sämtliche Fäden vernähen.

EINHORN „IONA“

Einhorn Iona steht mit ihrer wilden Lockenmähne ganz sicher im Mittelpunkt jeder Party. Sie ist ein Unikat und auf der Suche nach einem ähnlich lebhaften Spielkameraden. Aber ich muss dich warnen, sie stiehlt im Nullkommanichts jedem das Herz.

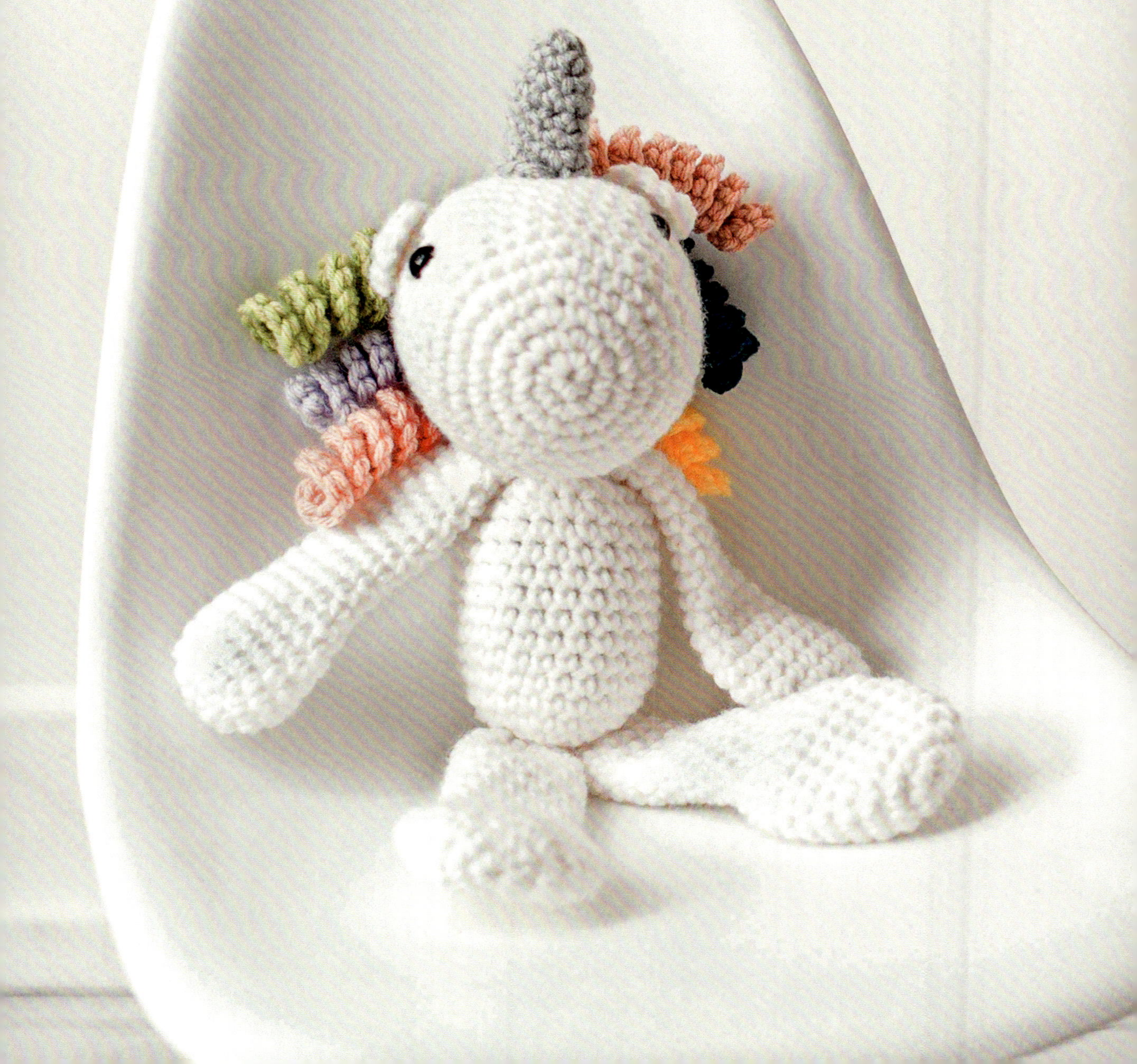

FERTIGMASS

33 cm x 8,25 cm (Höhe mal Breite)

GARN

Caron One Pound (100 % Acryl, 454 g): 1 Knäuel Reinweiß (Farbe A), eine kleine Menge Grasgrün (Farbe B), Ocean (Farbe C), Gelb (Farbe D), Flieder (Farbe E) und Coral Blush (Farbe F) für das Haar; etwas Soft Gray Mix (Farbe G) für das Horn; oder Acrylgarn mit LL = 80 m / 50 g

NADEL

10 mm (US N/15)

ZUSÄTZLICH

Maschenmarkierer
Füllwatte
12 mm Sicherheitsaugen
Stopfnadel

MASCHENPROBE

14 M und 16 Rh = 10 x 10 cm in fM

BESONDERE ABKÜRZUNGEN

feste Maschen zunehmen (fMzun)
feste Maschen abnehmen (fMabn)
Anmerkung: Wir arbeiten in spiralförmig durchgehender Runde, deshalb sollte man unbedingt die letzte Masche der Vorrunde markieren. Schließlich soll das Ganze nicht in Frust enden ;)

KOPF

Mit Farbe A 2 LM anschlagen.
Rd 1: 6 fM in 2. LM ab Nadel – 6 fM.
Rd 2: fMzun in jeder M der Rd – 12 fM.
Rd 3: *fMzun, fM; ab * wiederholen – 18 fM.
Rd 4: *fMzun, fM in nächste 2 M;
ab * wiederholen – 24 fM.
Rd 5: *fMzun, fM in nächste 3 M;
ab * wiederholen – 30 fM.
Rd 6-15: fM in jede M der Rd.
In Rd 11 Augen im Abstand von 10 M befestigen.
Rd 16: *fMabn, fM in nächste 3 M;
ab * wiederholen – 24 fM.
Rd 17: *fMabn, fM in nächste 2 M;
ab * wiederholen – 18 fM.
Kopf mit Watte auffüllen.
Rd 18: *fMabn, fM in nächste M;
ab * wiederholen – 12 fM.
Kopf noch einmal mit Watte ausstopfen.
Er sollte fest sein, aber noch leicht nachgeben.
Perfekt zum Knuddeln!
Rd 19: fMabn in jeder M der Rd;
Rd mit KM schließen – 6 fM.
30 cm Faden abmessen und abschneiden.

KÖRPER

Mit Farbe A 2 LM anschlagen.
Rd 1: 6 fM in 2. LM ab Nadel – 6 fM.
Rd 2: fMzun in jede M der Rd – 12 fM.
Rd 3: *fMzun, fM; ab * wiederholen – 18 fM.
Rd 4: *fMzun, fM in nächste 2 M;
ab * wiederholen – 24 fM.
Rd 5–14: fM in jede M der Rd.
Rd 15: *fMabn, fM in nächste 2 M;
ab * wiederholen – 18 fM.
Körper mit Watte füllen.
Rd 16: *fMabn, fM; ab * wiederholen – 12 fM.
Kopf noch einmal mit Watte ausstopfen.
Er sollte fest sein, aber noch leicht nachgeben.
Perfekt zum Knuddeln!

Rd 17: fMabn in jeder M der Rd;
Rd mit KM schließen – 6 fM.
30 cm vom Faden abmessen und abschneiden.

ARME (2 STÜCK)

Mit Farbe A 2 LM anschlagen.
Rd 1: 6 fM in 2. LM ab Nadel – 6 fM.
Rd 2: fMzun in jeder M der Rd – 12 fM.
Rd 3: *fMzun, fM; ab * wiederholen – 18 fM.
Rd 4–7: fM in jede M der Rd.
Rd 8: *fMabn, fM in nächste 2 M; ab * wiederholen – 12 fM.
Rd 9–21: fM in jede M der Rd; KM in 1. fM.
30 cm Faden abmessen und abschneiden.

BEINE (2 STÜCK)

Mit Farbe A 2 LM anschlagen.
Rd 1: 6 fM in 2. LM ab Nadel – 6 fM.
Rd 2: fMzun in jeder M der Rd – 12 fM.
Rd 3: *fMzun, fM; ab * wiederholen – 18 fM.
Rd 4-9: fM in jede M der Rd.
Rd 10: *fMabn, fM in nächste 2 M; ab * wiederholen – 12 fM.
Rd 11-26: fM in jede M der Rd; KM in 1. fM.
30 cm vom Faden abmessen und abschneiden.

OHREN (2 STÜCK)

Rd 1: 2 LM, 6 fM in 1. LM – 6 fM.
Rd 2: fMzun in jeder M der Rd – 12 fM.
Rd 3: *fMzun, fM; ab * wiederholen – 18 fM.
20 cm Faden abmessen und abschneiden.

HAARE (JE 1 IN FARBEN B-E UND 2 IN FARBE F)

25 LM anschlagen.
Rh 1: 3 fM in 2. LM ab Nadel und in jede weitere – 72 fM.
Anmerkung: Wenn sich das Gehäkelte aufrollt, ist das genau richtig, wir wollen schließlich Locken!
30 cm Faden abmessen und abschneiden.

HORN

Mit Farbe G 2 LM anschlagen.
Rd 1: 6 fM in 2. LM ab Nadel – 6 fM.
Rd 2: fM in jede M der Rd.
Rd 3: *fMzun, fM; ab * wiederholen – 9 fM.
Rd 4-7: fM in jede M der Rd.
Rd 8: *fMzun, fM in nächste 2 M; ab * wiederholen, KM in 1. fM – 12 fM:
30 cm Faden abmessen und abschneiden.

FERTIGSTELLUNG

Lege die Arme am Oberkörper an. Nähe sie mit dem Faden und der Stopfnadel fest. Befestige die Ohren oben am Kopf, 8 Maschen voneinander entfernt in Runde 16. Nähe das Horn auf den Kopf, mittig oberhalb der Augen. Befestige sämtliche Haare seitlich am Hinterkopf. Nähe den Kopf an den Körper, gleich oberhalb der Arme. Nähe die Beine am unteren Ende des Körpers fest, direkt nebeneinander. Aus Farbe F einen Schweif ans Hinterteil des Einhorns nähen. Sämtliche Fäden vernähen.

AKZEPTANZ & VERGEBUNG

Weil ich selbst in vielerlei Hinsicht lernen musste, zu akzeptieren und zu verzeihen, ist dies mein persönlichstes Kapitel. Wie oft im Leben sind wir mit der Frage konfrontiert: Bin ich nachtragend und halte an meiner Wut fest, oder vergebe ich? Eine Entscheidung, die uns maßgeblich beeinflusst, auch wenn wir uns dessen vielleicht nicht bewusst sind. Deshalb möchte ich die Gelegenheit nutzen, um von Erneuerung durch Vergebung zu sprechen. Wir müssen sie nur zulassen. Sobald wir uns von unserem Schmerz befreien und uns in eine Richtung bewegen, wo wir sowohl mental als auch emotional wieder gesunden, wird alles von Leichtigkeit, Liebe und einem neuen inneren Frieden erfüllt sein.

Stell dir vor, du begegnest in deiner dunkelsten Stunde einem Menschen, der jedes einzelne deiner Gefühle kennt. Stell dir vor, dieser jemand weiß genau, wie du dich fühlst. Wie viel leichter wäre es, deine Emotionen zu verarbeiten und allmählich wieder zu heilen? Ein Geschenk, das wir anderen machen können, ist, über unseren Schmerz zu reden und für andere da zu sein. Wir sollten positiv auf unsere Mitmenschen wirken und sie wissen lassen, dass niemand allein ist.

Es ist eine Kraft in uns, die wir jederzeit anzapfen können, wenn wir akzeptieren, dass wir aus unserem Schmerz lernen und er uns stärker macht. Wir lernen durch schmerzhafte Erfahrung, dass der Schein bisweilen trügt und Menschen oft nicht das sind, was sie vorgeben zu sein. Wir begreifen, dass unsere Eltern nicht immer recht haben. Wir lernen, unseren Instinkten zu vertrauen, selbst wenn sie uns zu etwas drängen, das wir eigentlich nicht wollen. Alle diese Lektionen sind vielleicht schwer zu akzeptieren, aber wichtig.

Wenn wir Vergebung verweigern und die Dinge als „nicht fair" beklagen, erzeugt das einen mentalen Filter, den wir auf so gut wie alles im Leben anwenden. Doch eines ist sicher: Das Leben ist nicht immer fair. Es wird immer Dinge geben, die sich unserer Kontrolle entziehen oder die aus unserer Sicht falsch laufen. So ist das nun mal. Wütend und nachtragend zu sein, bringt nichts, denn so lassen wir nur zu, dass die negativen Gefühle unnötig lange in uns brodeln. Dies kann dazu führen, dass Beziehungen in die Brüche gehen, uns Chancen entgehen und wir psychisch darunter leiden.

Wenn wir das, was wir nicht ändern können, akzeptieren und denen verzeihen, die uns Unrecht getan haben, entfernen wir diesen Filter, der unsere Perspektive einschränkt, und wir erkennen, dass wir eben doch die Macht über eine Situation haben, selbst wenn es sich nicht so anfühlt. Wir haben die Wahl, ob wir die Dinge annehmen oder nicht. Lassen wir uns von negativen Empfindungen beherrschen und einschränken? Oder nutzen wir den Schmerz, um uns aus dem einengenden Korsett zu befreien?

Machen wir uns los von der Vorstellung, wir seien weniger wert als andere oder nicht wichtig. Nutzen wir diese Einsicht lieber und werfen diesen unnötigen Ballast ab, statt uns wissentlich daran zu klammern. Sicher kennst du das Gefühl, in ein bodenloses Loch zu stürzen, wenn die körperliche Manifestation des seelischen Schmerzes uns in Form einer drückenden Schwere in die Knie zwingt. Ich persönlich kenne das sehr gut. Doch als ich mich schließlich dafür entschied, mich nicht länger tagein, tagaus davon quälen zu lassen, war plötzlich alles anders, ich sah mich selbst in einem sehr viel optimistischeren Licht.

Ich habe Jahre gebraucht, um gewisse Dinge zu akzeptieren und denen zu vergeben, die mich schlecht behandelt haben. Ich habe Situationen erlebt, die absolut unverzeihlich waren, aber die Last war zu groß und hat sich negativ auf mich und meine Psyche ausgewirkt. Ich war wütend, voller Hass und habe nichts Gutes in den Menschen mehr gesehen. Indem ich an diesem Schmerz festhielt, habe ich mir selbst jede Möglichkeit des Wachstums verbaut. Ich kann dir gar nicht sagen, wie sehr mich das eingeschränkt hat.

Das ist noch so eine Sache. Manchmal begleitet uns der Schmerz schon so lange, dass wir gar nicht mehr wissen, wie es ist, ohne ihn zu leben. Wir sind schon so lange wütend und nachtragend, dass wir ganz vergessen haben, wie es ist, frei und glücklich zu sein. Der Schmerz wird zur Komfortzone, weil wir es nicht anders kennen, es ist das, was uns vertraut ist. Der Schmerz wird zum treuen Freund, weil er uns am längsten begleitet und uns nie im Stich lässt.

In Wahrheit ist er gar kein richtiger Freund – man hat dich glauben lassen, er sei richtig und gut und deshalb solltest du ihn niemals loslassen. Aber das ist Unsinn. Sobald diese Last von dir genommen ist, erwartet dich ein Leben voller Freude und Leichtigkeit. Es liegt ganz bei dir, ob du dich für den Weg der Heilung entscheidest oder nicht. Ja, das mag schmerzhaft sein, aber du wirst dafür umso mehr zurückbekommen. Trenne dich von der ständigen Last des Schmerzes und finde stattdessen Erfüllung.

Versteh mich aber bitte nicht falsch: Verzeihen bedeutet nicht, sich einzureden, das Geschehene sei „halb so schlimm". Man vergibt anderen nicht um ihretwillen, sondern allein einem selbst zuliebe. Verzeihen bedeutet nicht, dass man vergisst oder zulässt, dass sich gewisse Dinge wiederholen. Durch Vergebung befreien wir uns von der schweren Last, damit wir wieder glücklich sein können. Vergebung ist etwas unheimlich Persönliches und ein Zeichen großer Stärke, aber sie impliziert nicht, dass das Vorgefallene in irgendeiner Hinsicht akzeptabel war. Vergebung ist der Beweis, dass man sich selbst am wichtigsten ist und sich nicht länger von Dunkelheit und Schwermut beherrschen lassen will. Es erfordert Mut und Kraft, sich diesen Dämonen zu stellen und seinen Platz auf der Sonnenseite des Lebens einzufordern. Aber es ist von unschätzbarem Wert, denn wozu soll das sonst alles gut gewesen sein?

Wenn wir uns nun an die folgenden Projekte machen, möchte ich, dass du dich auf Dinge in deinem Leben konzentrierst, die dich einschränken – und dich vorsichtig an Akzeptanz und Vergebung herantastest. Sieh es als Geschenk, das du dir selbst schuldig bist und das dir niemand sonst bereiten kann. Ich hoffe, dass du mit jeder Masche, die du häkelst, Heilung und Trost findest, und dass du beim Vernähen der losen Fadenenden den ganzen unverarbeiteten Schmerz hineinarbeitest. Bring Ordnung in dein Leben. Du hast das Glück verdient, und Vergebung ist der erste Schritt dorthin.

Denn du bist es wert.

„Mut ist die wichtigste aller Tugenden. Denn ohne Mut kann man keine andere Tugend richtig anwenden. Sie können jede Tugend beliebig üben, aber nichts konsequent ohne Mut."
- Maja Angelou

„Zu vergeben ist, wie einen Gefangenen frei zu lassen und dann festzustellen, dass man selbst der Gefangene war."
- Lewis B. Smedes

„Der Schwache kann nicht verzeihen. Verzeihen ist eine Eigenschaft des Starken."
- Mahatma Gandhi

AUFGABE

Ich möchte, dass du in diesem Kapitel ein Accessoire oder Kleidungsstück in einer Farbe herstellst, die in deiner Garderobe normalerweise unterrepräsentiert ist oder gar nicht vorkommt, oder in einer Farbe, die deine unverwechselbare Persönlichkeit widerspiegelt. Wir erfahren im Alltag immensen Druck, uns anzupassen und mit dem Strom zu schwimmen. Deshalb hör gut zu: Es mag viel Mut erfordern, sich selbst in seiner Einzigartigkeit zu zeigen, aber es ist der erste Schritt hin zu wahrem Glück. Und das Glück passiert uns nicht einfach so, meine Lieben, es wird gemacht.

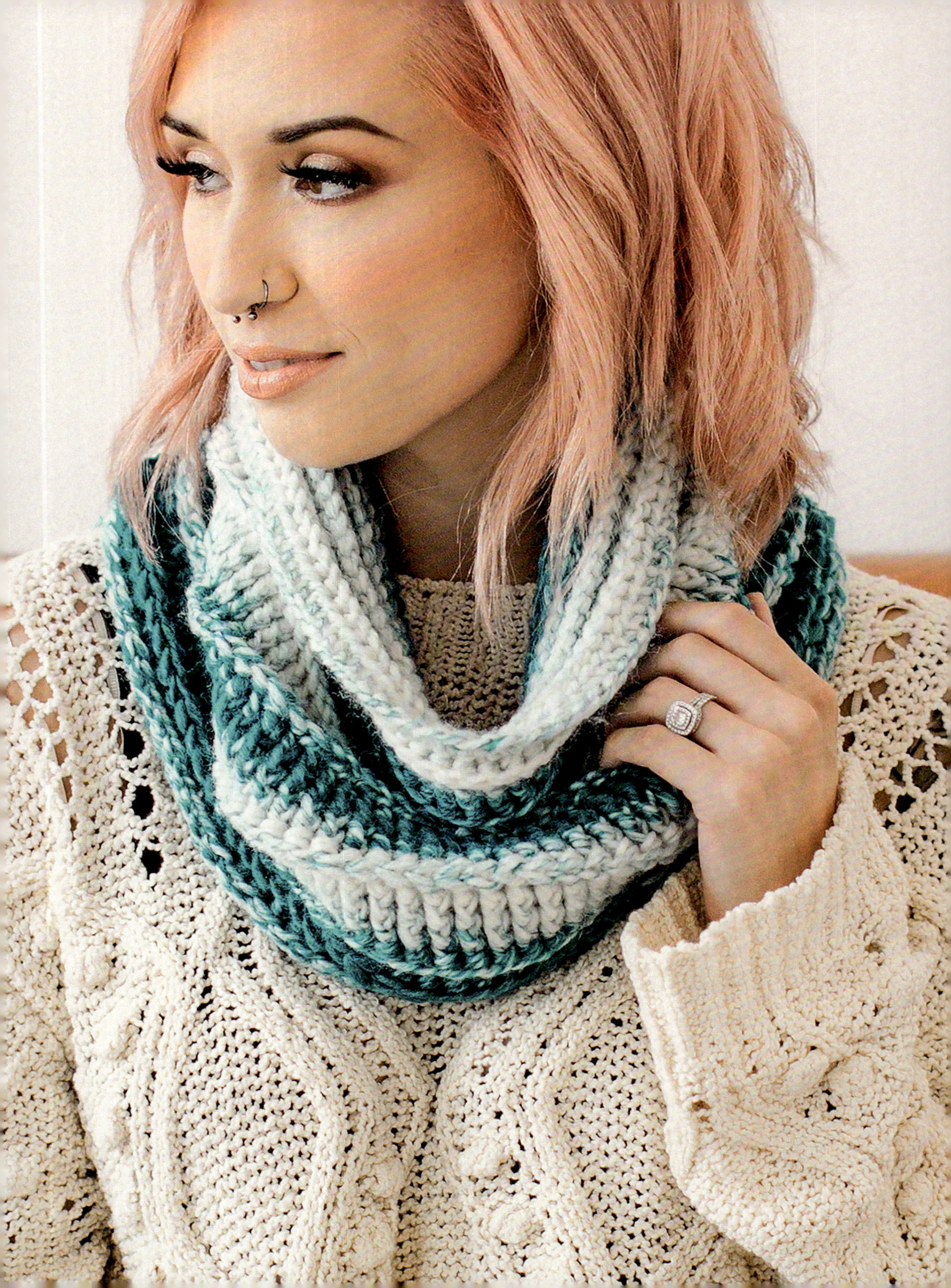

SCHALKRAGEN „MUTIG SCHÖN“

Dieser Schalkragen trägt den Mut im Namen, weil es sehr viel Rückgrat erfordert, um mit traditionellen Schönheitsidealen zu brechen. Er ist ohne Zweifel ein ästhetisch ansprechendes Stück, aber auch sein Entstehen ist von Schönheit geprägt. Jedes Mal, wenn du das Ergebnis bewunderst, wirst du daran denken, wie viel Zeit du in seine Herstellung investiert hast, warum du exakt dieses Garn und exakt diese Farbkombination gewählt hast und wie viele Maschen du angeschlagen hast. Wenn du blutiger Anfänger bist, wirst du dich außerdem erinnern, wie oft dabei etwas schiefgegangen ist und du von Neuem beginnen musstest, ein echtes Zeichen deiner Durchhaltekraft. Die Geschichte dahinter ist doch das Schönste. Genau wie beim Leben und uns Menschen, nicht wahr?

Dieses sehr vielfältige, schön strukturierte Accessoire erfordert nicht allzu viel Konzentration, sodass man reichlich Raum zum Nachdenken hat. Zum Beispiel darüber, wie man die eigenen Ängste besiegt und sich nicht länger gegen die eigene Geschichte wehrt. Und auch wenn das Muster vergleichsweise einfach ist, sorgen wechselnde Maschenfolgen dafür, dass man nicht in stumpfe Monotonie verfällt.

Der weiche Schal um deinen Hals wird dich daran erinnern, dass du sehr viel mutiger bist, als du glaubst. Lass dich umarmen von etwas, das du selbst erschaffen hast; du bist es wert; du bist gut so, wie du bist; du hast es in der Hand.

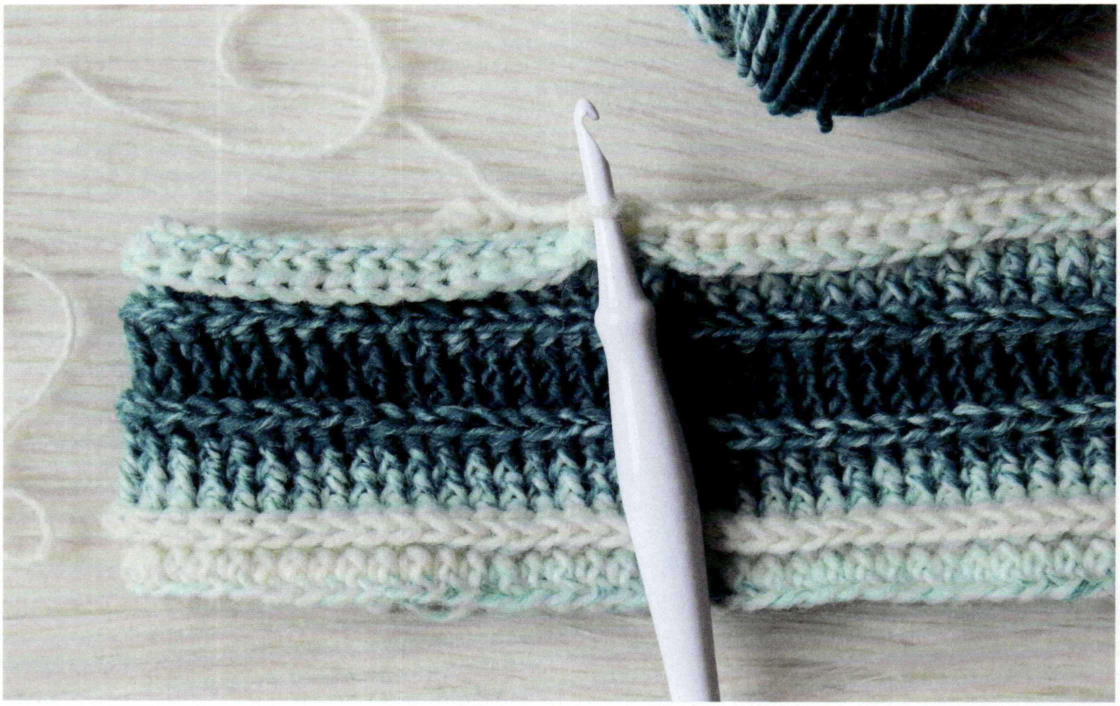

FERTIGMASS

35,5 cm x 24 cm (Breite mal Höhe)

GARN

Lion Brand Scarfie (78 % Acryl/22 % Wolle, 150 g): 1 Knäuel Fb 215 Cream/Teal; oder Mischgarn mit LL = 95 m / 50 g

NADEL

8 mm (US L/11)

MASCHENPROBE

10 M und 8 Rd = 10 x 10 cm in hStb

BESONDERE ABKÜRZUNGEN

halbes Reliefstäbchen vorne (hRStbv)
halbes Reliefstäbchen hinten (hRStbh)

Anmerkung: Dieses Projekt wird in abgeschlossenen Rd gearbeitet. Jede Rd endet mit einer KM, die nächste Rd beginnt mit einer LM. So ergibt sich eine sichtbare Naht.

SCHALKRAGEN

77 LM anschlagen
Rd 1: hStb in 2. LM ab Nadel und in jede weitere LM; KM in 1. hStb – 76 hStb.
Rd 2: 1 LM, hRStbh in jede M der Rd; KM in 1. hRStbh.
Rd 3: 1 LM, hRStbv in jede M der Rd; KM in 1. hRStbv.
Rd 4–5: Wie Rd 3.
Rd 6: 1 LM, hRStbh in jede M der Rd; KM in 1. hRStbh.
Rd 3-6 6-mal wiederholen.
Faden abschneiden und vernähen.

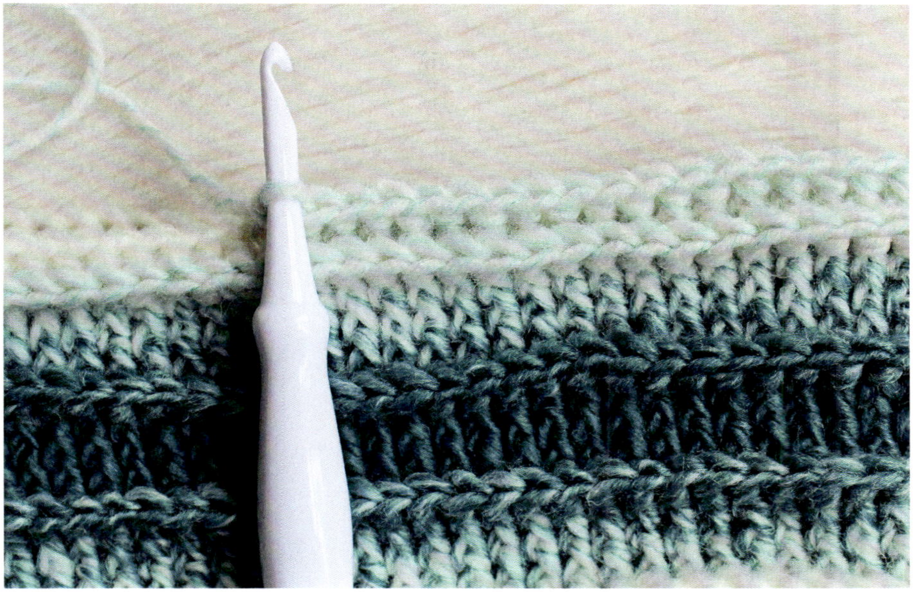

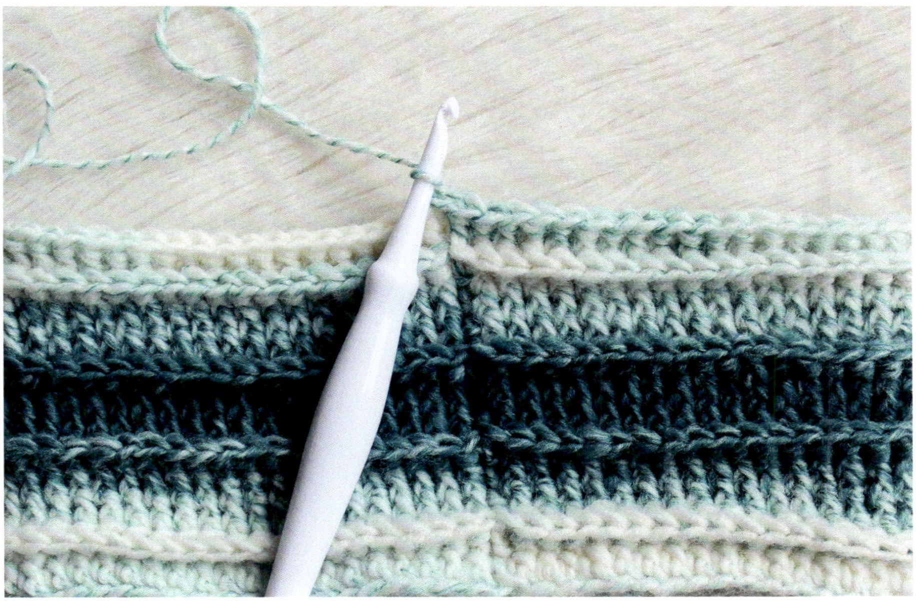

DECKE „HEILIGENSCHEIN“

Fühlst du dich hin und wieder einsam? Mir persönlich passiert das regelmäßig, und ich bin der Ansicht, jeder kreative Mensch erlebt sich selbst bisweilen als Außenseiter. Was aber wäre, wenn wir das als einen Teil unserer Superkraft betrachten würden? Während der Arbeit an dieser Decke, die aus ultra weichem, ultra flauschigem Garn gehäkelt wird, möchte ich, dass du dich ganz auf dich selbst konzentrieren. Überleg dir, was du an dir als anders wahrnimmst, und schließe deinen Frieden damit. Denn es sind genau diese kleinen, unverwechselbaren Eigenheiten, die uns zu etwas Besonderem machen. Wir sollten sie schätzen lernen, denn schließlich sind wir nur dank ihnen so einzigartig, und nur dank ihnen können wir der Welt unsere individuellen Talente und Sichtweisen anbieten. Kuschele dich mit deinem hyggeligen Häkelwerk ein und richte alle deine Aufmerksamkeit auf deine Atmung. Und nun lass die negativen Gedanken über dein Anderssein los und ersetze sie durch Worte der Liebe und Anerkennung. Ich bin felsenfest überzeugt, dass gerade die Unterschiede unsere herausragendsten Merkmale sind – es ist also höchste Zeit, dass wir sie gebührend würdigen.

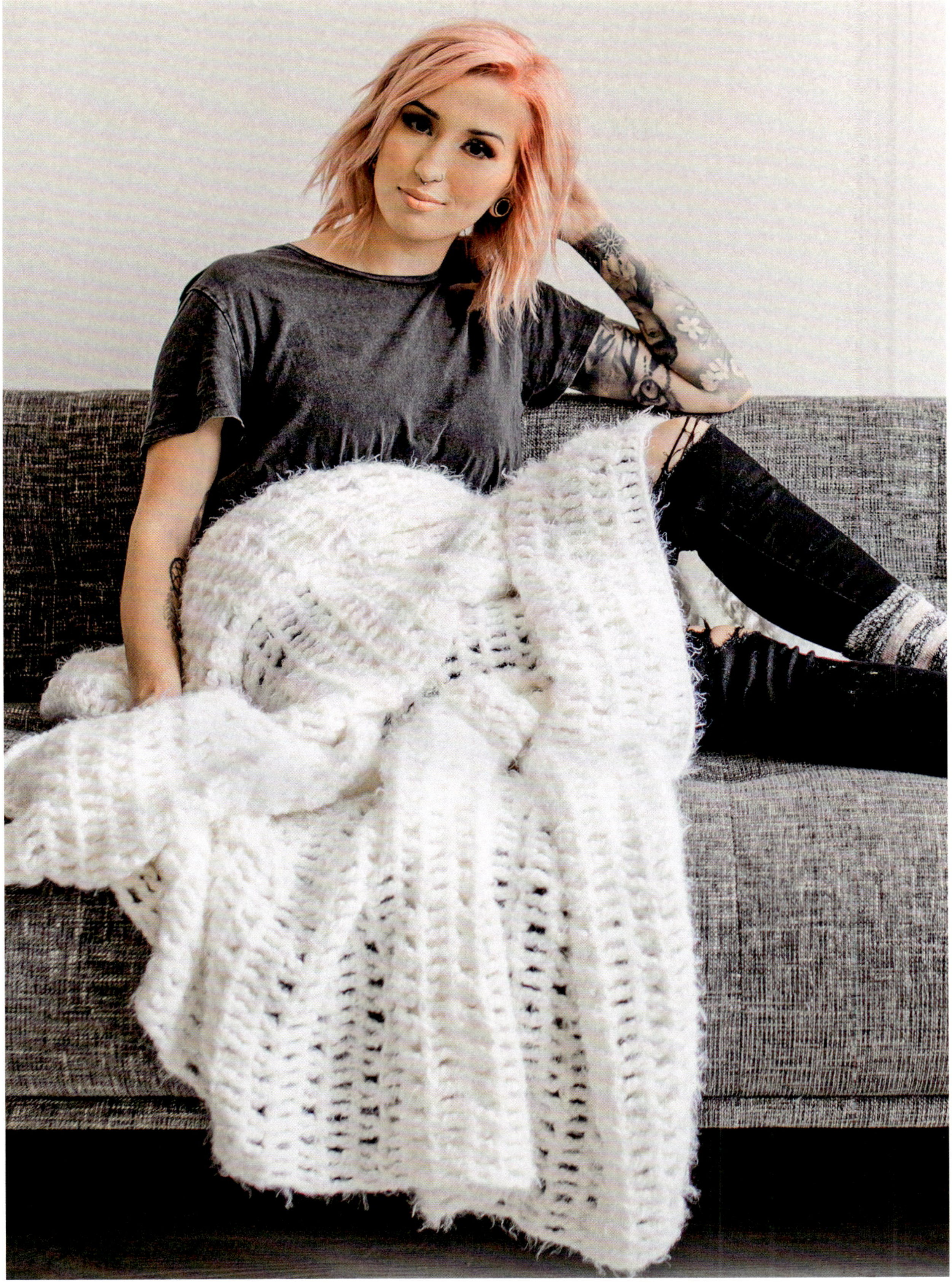

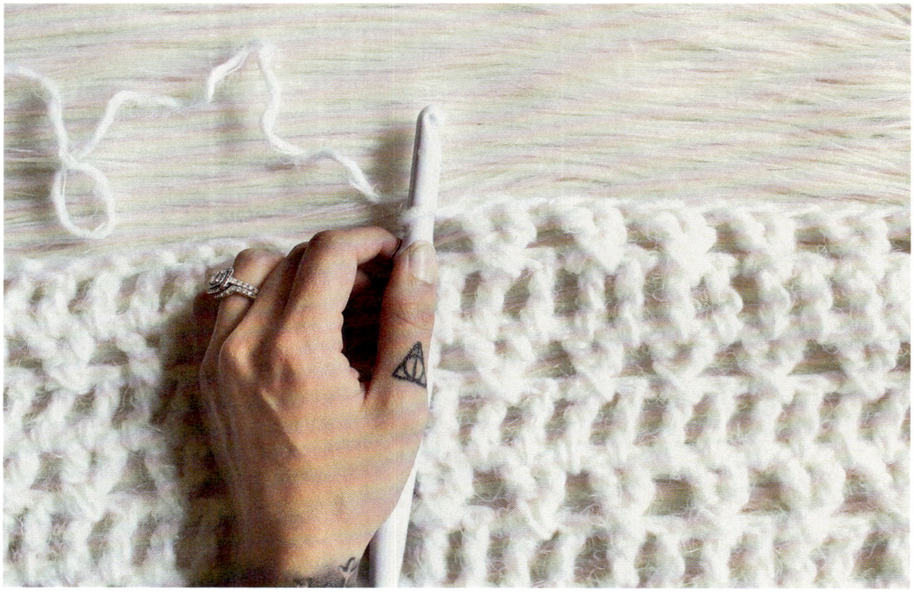

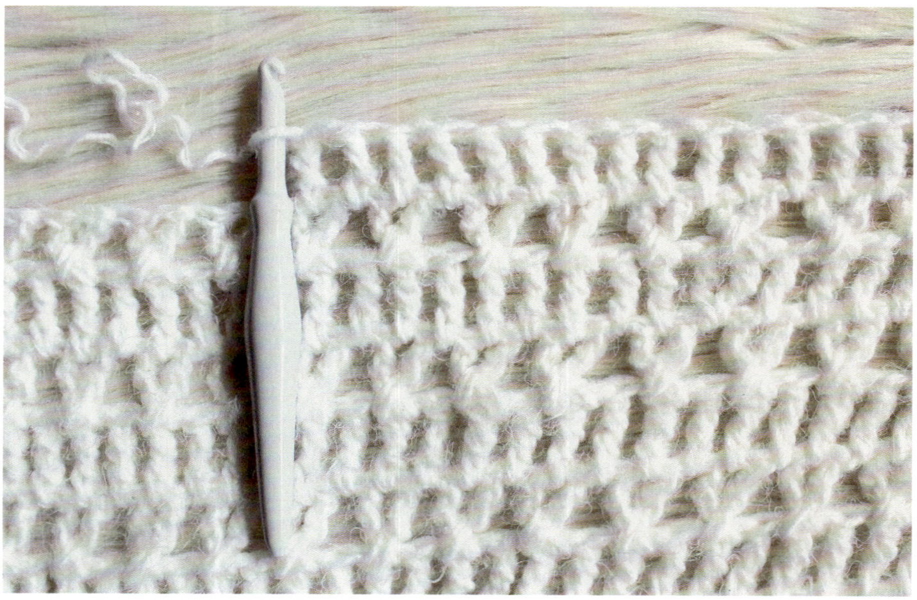

FERTIGMASS

165 cm x 127 cm (Breite mal Länge)

GARN

Buttercream Luxe Craft Angel Hair (50 % Acryl/28 % Nylon/22 % Wolle; 100 g): 10 Knäuel Fb 09 Weiß; oder Mischgarn mit LL = 55 m / 50 g

NADEL

10 mm (US N/15)

MASCHENPROBE

7 M und 4,5 Rh = 10 x 10 cm in dStb

SPEZIELLE ABKÜRZUNGEN

gekreuzte Doppelstäbchen (gekr dStb)
Bei diesem Muster werden einfache Doppelstäbchen (dStb, siehe Seite 28) gekreuzt, indem man folgendermaßen vorgeht:

Man arbeitet das dStb nicht in die nächste M, sondern überspringt eine. Anschließend arbeitet man das nächste dStb in die eben übersprungene M. So entsteht ein Muster aus Kreuzstäbchen.

*Für das nächste gekreuzte dStb überspringt man die M, in das man bereits ein dStb gearbeitet hat, und auch die folgende. Jetzt arbeitet man das dStb in die darauffolgende M. Das dStb darauf wird in die eben übersprungene M gearbeitet. Ab * wiederholen.

DECKE

116 LM anschlagen.
Rh 1: dStb in 3. LM ab Nadel, dann dStb in jede weitere LM – 114 dStb.
Rh 2: 1 LM, wenden, dStb in 1. M, gekr dStb in die folgenden 112 M, dStb in letzte M.
Rh 3: 1 LM, wenden, dStb in jede M der Rh.
Reihen 2-3 wiederholen, bis die Decke die gewünschte Länge (127 cm) hat. Faden abschneiden und vernähen.

TOP „NOLAN“

Dieses Projekt hat für mich besondere Bedeutung, deshalb freut es mich umso mehr, es in meinem ersten Buch präsentieren zu dürfen. Nolan war nämlich das erste Kleidungsstück, das ich selbst entworfen habe. Gefertigt aus einfachen Maschen und mit seinem spitz zulaufenden Farbwechsel ist er das perfekte Projekt für Häkelanfänger wie -profis.

Mit diesem Design habe ich meine eigene Liebe zu dieser Handwerkskunst entdeckt, und ich hoffe, du hast ebenso viel Freude daran wie ich. Außerdem ist das gute Stück ein echter Verwandlungskünstler – vorne Büro, hinten Party!

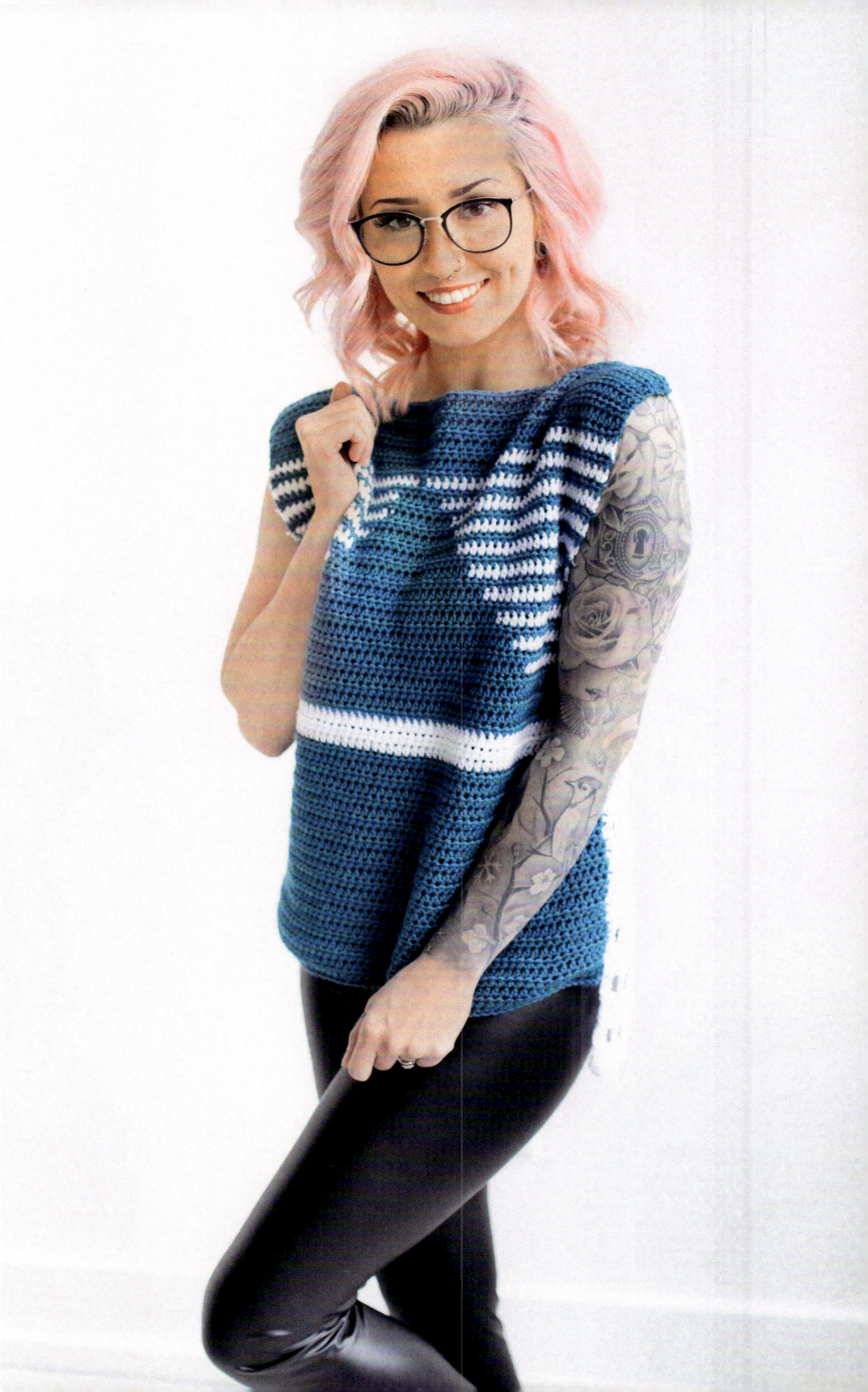

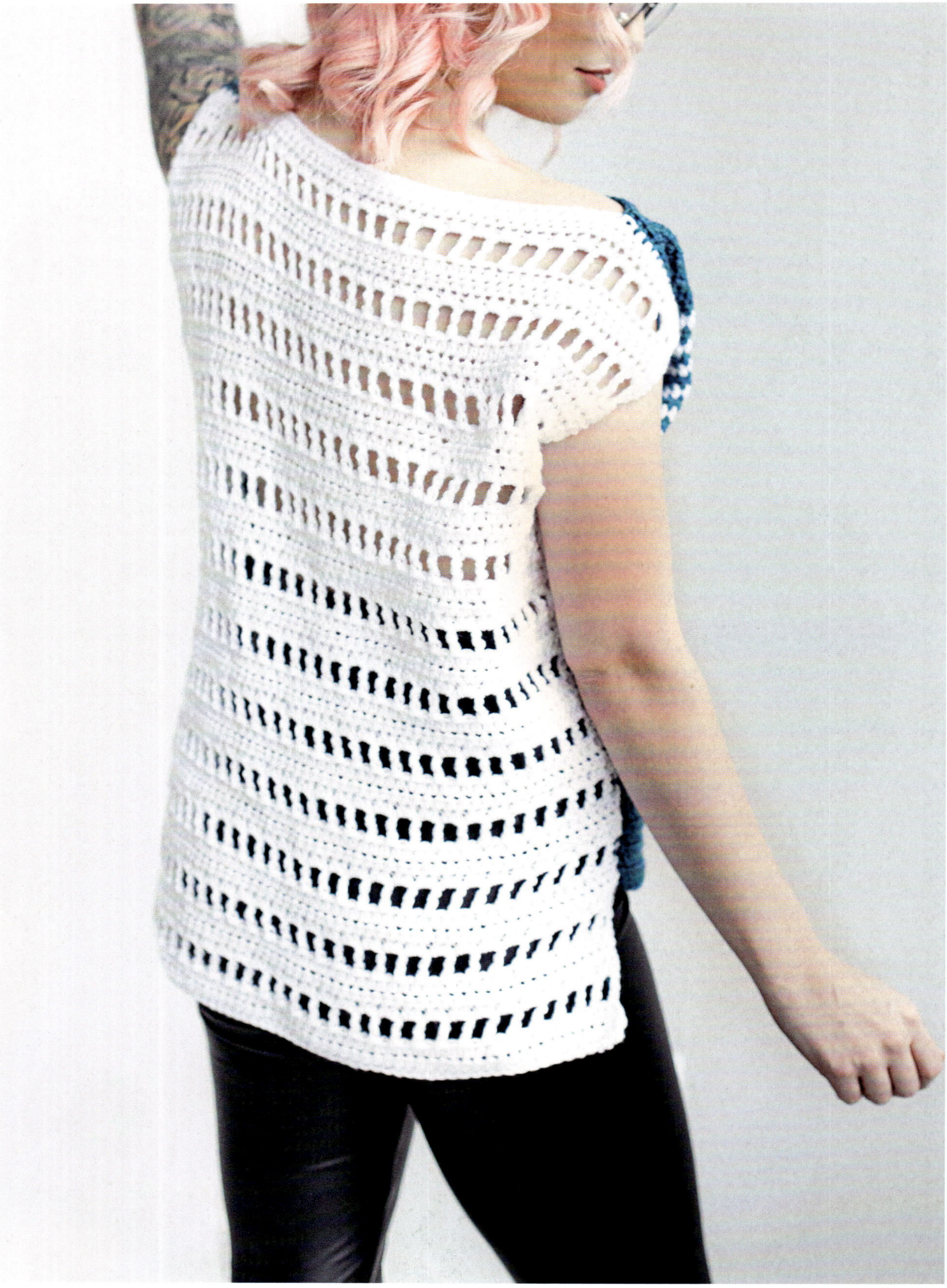

GRÖSSE	S	M	L	XL
BRUSTUMFANG	76–86 cm	91–107 cm	112–132 cm	137–152 cm
LÄNGE VORDERSEITE (OBERKANTE SCHULTER BIS SAUM)	51 cm	56 cm	60 cm	63,5 cm
LÄNGE RÜCKSEITE (VON OBERKANTE SCHULTER BIS SAUM)	58,5 cm	63,5 cm	67 cm	71 cm
BREITE (FLACH LIEGEND GEMESSEN)	48 cm	58,5 cm	69 cm	79 cm
ARMLOCH (FLACH LIEGEND VON OBERKANTE SCHULTER BIS ACHSEL GEMESSEN)	20 cm	21,5 cm	23 cm	24 cm

GRÖSSEN

S (M, L, XL)

FERTIGMASS

Siehe Tabelle oben.

Anmerkung: Bei einer Oberweite von 86 (107, 132, 152) cm sind ungefähr 2,5 cm Luft. Auf den Fotos trage ich Größe S (bei einem Brustumfang von 76/81 cm). Bitte beachte dies bei der Größenwahl.

GARN

The Hook Nook Main Squeeze (100 % Acryl, 100 g): je 2 (3, 4, 4) Knäuel Gemstone (Farbe A) und Minimalist (Farbe B); oder Acrylgarn mit LL = 95 m / 50 g

NADEL

5,5 mm (US I/9)

MASCHENPROBE

14 M und 12 Rh = 10 x 10 cm in hStb

Anmerkung: Beim Farbwechsel mitten in der Reihe macht man den Umschlag mit dem neuen Garn, indem man ihn um die Nadel wickelt, einsticht und das lange Ende durchzieht, während man das kurze Ende auf der Rückseite der Arbeit hängen lässt. Lass dabei bei jedem Wechsel genügend Faden hängen (ca. 10-13 cm), damit du ihn später gut verknoten und vernähen kannst.

VORDERSEITE

Die Anleitung enthält Angaben für vier Größen. Sofern diese abweichen, gilt die erste Anweisung für die kleinste Größe, die zweite für die mittlere, dann kommt die große und zuletzt die Maxigröße.

Mit Farbe A 68 (82, 96, 110) LM anschlagen.

Rh 1: hStb in 2. LM ab Nadel und in jede weitere LM – 67 (81, 95, 109) hStb.

Rh 2–24: 1 LM, wenden, hStb in jede M der Rh.

Rh 25–27: Mit Farbe B 1 LM, wenden, hStb in jede M der Rh.

Rh 28–32: Mit Farbe A 1 LM, wenden, hStb in jede M der Rh.

Rh 33: Mit Farbe B 1 LM, wenden, hStb in die ersten 15 (22, 29, 36) M, mit Farbe B hStb in letzte 15 (22, 29, 36) M.

Rh 34: Wie Rh 28.

Rh 35: Mit Farbe B 1 LM, wenden, hStb in die ersten 17 (24, 31, 38) M, mit Farbe A hStb in nächste 33 M, mit Farbe B hStb in letzte 17 (24, 31, 38) M.

Rh 36: Wie Rh 28.

Rh 37: Mit Farbe B 1 LM, wenden, hStb in die ersten 19 (26, 33, 40) M, mit Farbe A hStb in nächste 29 M, mit Farbe B hStb in letzte 19 (26, 33, 40) M.

Rh 38: Wie Rh 28.

Rh 39: Mit Farbe B 1 LM, wenden, hStb in die ersten 21 (28, 35, 42) M, mit Farbe A hStb in nächste 25 M, mit Farbe B hStb in letzte 21 (28, 35, 42) M.

Rh 40: Wie Rh 28.

Rh 41: Mit Farbe B 1 LM, wenden, hStb in die ersten 23 (30, 37, 44) M, mit Farbe A hStb in nächste 21 M, mit Farbe B hStb in letzte 23 (30, 37, 44) M.

Rh 42: Wie Rh 28.

Rh 43: Mit Farbe B 1 LM, wenden, hStb in die ersten 25 (32, 39, 46) M, mit Farbe A hStb in nächste 17 M, mit Farbe B hStb in letzte 25 (32, 39, 46) M.

Rh 44: Wie Rh 28.

Rh 45: Mit Farbe B 1 LM, wenden, hStb in die ersten 27 (34, 41, 48) M, mit Farbe A hStb in nächste 13 M, mit Farbe B hStb in letzte 27 (34, 41, 48) M.

Rh 46: Wie Rh 28.

Rh 47: Mit Farbe B 1 LM, wenden, hStb in die ersten 29 (36, 43, 50) M, mit Farbe A hStb in nächste 9 M, mit Farbe B hStb in letzte 29 (36, 43, 50) M

Rh 48: Wie Rh 28.

Rh 49: Mit Farbe B 1 LM, wenden, hStb in die ersten 31 (38, 45, 52) M, mit Farbe A hStb in nächste 5 M, mit Farbe B hStb in letzte 31 (38, 45, 52) M.

Rh 50: Wie Rh 28.

Rh 51: Mit Farbe B 1 LM, wenden, hStb in die ersten 33 (40, 47, 54) M, mit Farbe A hStb in nächste M, mit Farbe B hStb in letzte 33 (40, 47, 54) M.

Rh 52–60 (66, 70, 74): Wie Rh 28.

Faden abschneiden.

RÜCKENTEIL

Mit Farbe B 68 (80, 94, 110) LM anschlagen.

Rh 1: hStb in 2. LM ab Nadel und in jede weitere LM – 67 (70, 93, 109) hStb.

Rh 2-3: 1 LM, wenden, hStb in jede M.

Rh 4: 5 LM (zählt als 1 dStb und 1 Lücke aus 1 LM), wenden, die ersten 2 hStb überspringen, dStb in nächste M, *1 LM, 1 M überspr, dStb in nächste M; ab * wiederholen.

Rh 5: 1 LM, wenden, hStb in 1. dStb, *hStb in 1 Lücke aus 1 LM, hStb in dStb; ab * wiederholen.

Rh 2-5 wiederholen, bis das Rückenteil 57 (62, 66, 70) cm lang ist. Dann Rh 2-3 noch einmal wiederholen. Faden abschneiden.

FERTIGSTELLUNG

Ehe man die beiden Teile zusammenhäkelt, legt man sie mit den rechten Seiten nach innen aufeinander. So verschwindet die Naht auf der Innenseite. Mit Farbe B verbinden wir eine Schulternaht mittels KM, indem wir die Maschenglieder beider Teile durchstechen. Man verbindet so (KM, LM im Wechsel) insgesamt 15 (18, 21, 24) Maschen. Für die andere Schulter wiederholen.

Mit Farbe B und 20 (21,5, 23, 24) cm unterhalb der Schulternaht beginnend, im Wechsel KM, LM an der Seitenkante entlangarbeiten, bis beim Vorderteil 5 cm und beim Rückenteil 13 cm übrig sind, ungefähr nach 25 (30, 35, 40) KM. Achte darauf, dass die beiden Teile faltenlos aufeinanderliegen. Sobald beide Schultern und Seitenteile verbunden sind, Fäden vernähen.

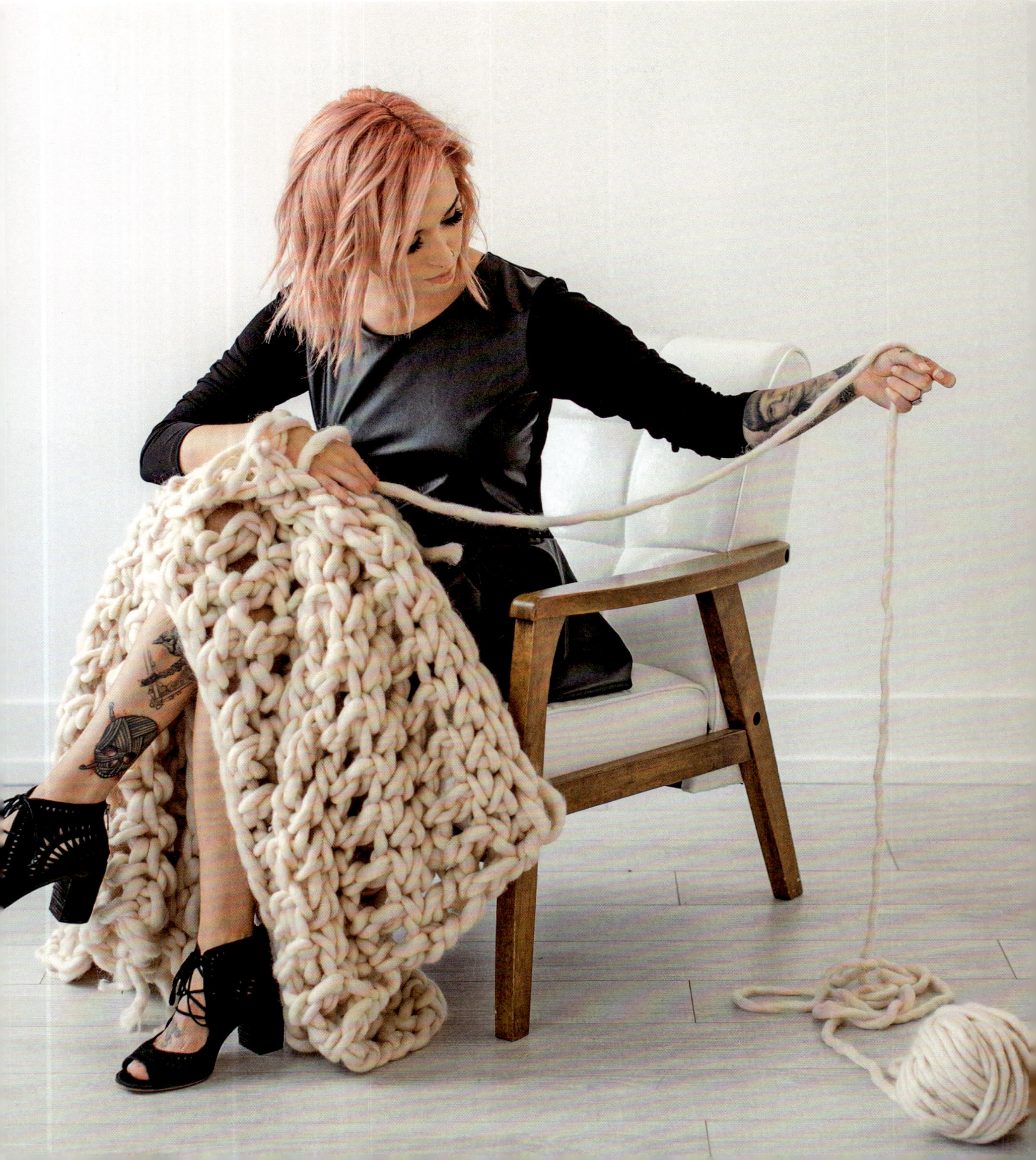

DECKE „PERFEKT UNPERFEKT“

Mir ist erst im Erwachsenenalter klar geworden, dass man mir als Kind Unsinn erzählt hat – so etwas wie Perfektion gibt es nicht. Für mich war das tatsächlich eine wichtige Erkenntnis, und ich habe eine Weile gebraucht, um das zu akzeptieren. Ich habe begriffen, dass es gerade die kleinen Eigenheiten und Macken sind, die uns Menschen und alle Dinge so besonders machen. Um dieses Verständnis zu vertiefen, habe ich mir vorgenommen, etwas zu erschaffen, das niemals perfekt sein würde, ganz gleich, wie sehr ich mich auch anstrenge. Ich wollte mich selbst darin schulen, kleinere und größere Schönheitsfehler anzunehmen und daraus zu lernen. Dieses Projekt unterscheidet sich ein wenig vom Rest, weil wir hier nicht mit der Häkelnadel arbeiten, sondern mit bloßen Händen und Armen. Die dadurch entstehenden Größenunterschiede und die wechselnde Fadenspannung lassen etwas wahrhaft Einzigartiges und gänzlich Eigenes entstehen. Selbst wenn wir uns alle an dieselben Regeln und Richtlinien halten, sind wir letzten Endes jeder für seinen eigenen Lebensentwurf verantwortlich; wenn wir kleine Mängel in uns selbst und unseren Entscheidungen akzeptieren, gelangen wir zu einer viel tieferen Einsicht.

Die perfekt unperfekte Decke ist deine Chance, sich mit dem Mangel an Perfektion zu versöhnen und zu lernen, Rückschläge anzunehmen.

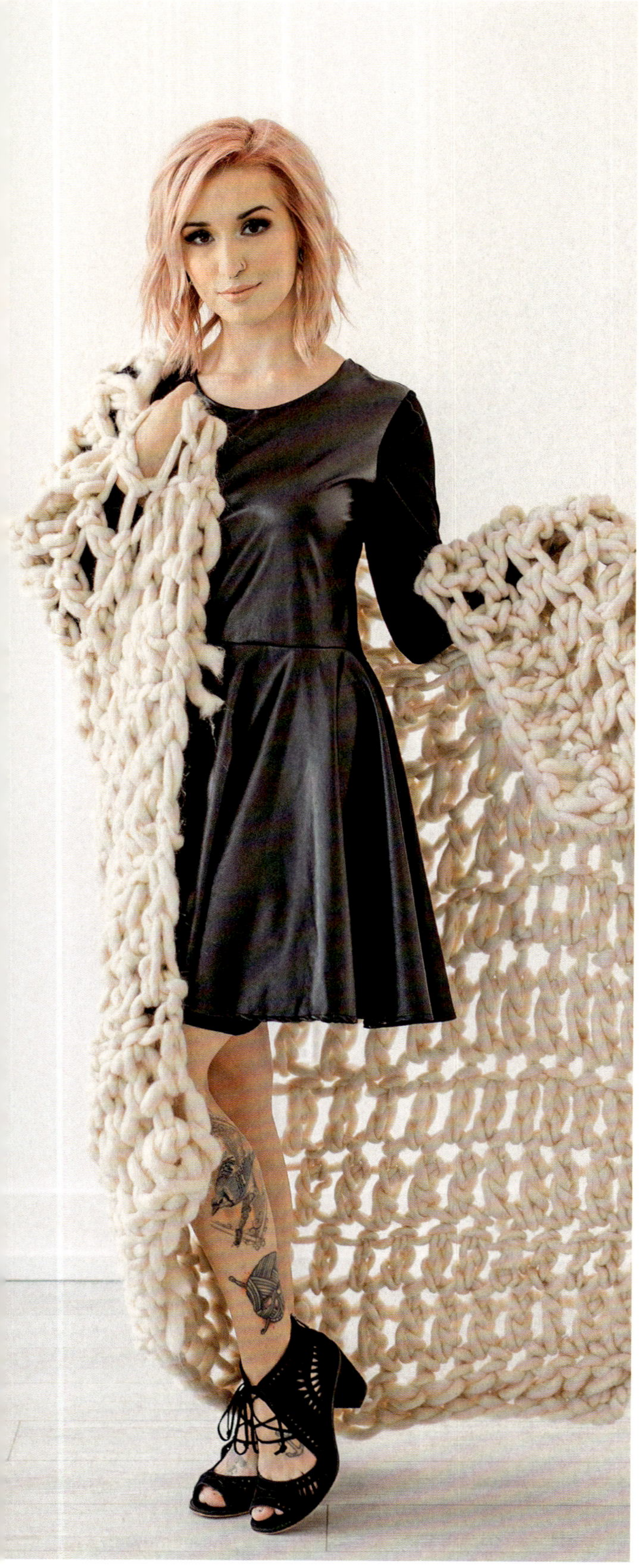

FERTIGMASS

109 x 152 cm (Breite mal Länge). Diese Maße sind reine Schätzungen, da jede Hand und jeder Arm anders ist und jeder den Faden anders spannt. Aber ist das nicht genau das Schöne an dem Projekt? Es ist dein ganz persönliches, einzigartiges Werk.

GARN

The Hook Nook Ginormous (100 % Wolle, Größe 7 Jumbo Roving, 200 g): 10 Knäuel Fb 354337 Natural State of Mind; oder Wollgarn mit LL = 15 m / 100 g

NADEL

Benutze deine Hände und Arme! Arbeite mit der Hand, mit der du auch die Nadel halten würdest, und dem entgegengesetzten Arm.

MASCHENPROBE

4 M und 2,5 Rh = 20 x 20 cm in Stb

DECKE

25 LM anschlagen

Rh 1: Stb in 2. LM ab Hand und in jede weitere LM der Rh – 24 Stb.

Rh 2: 1 LM, wenden, Stb in jede M der Rh.

Rh 2 wiederholen, bis die Decke die gewünschte Länge (ca. 152 cm) hat.

Faden abschneiden und vernähen.

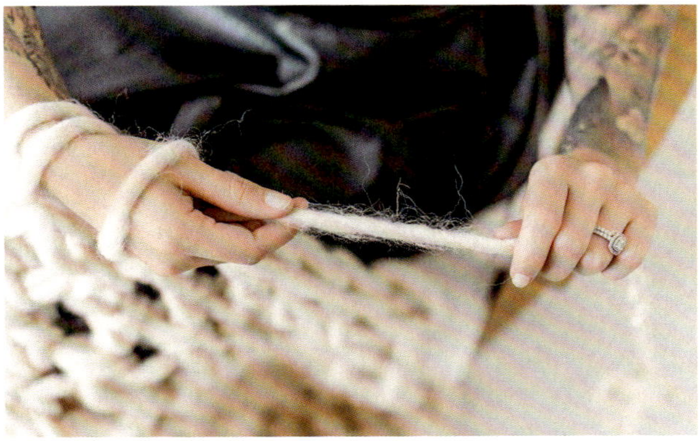
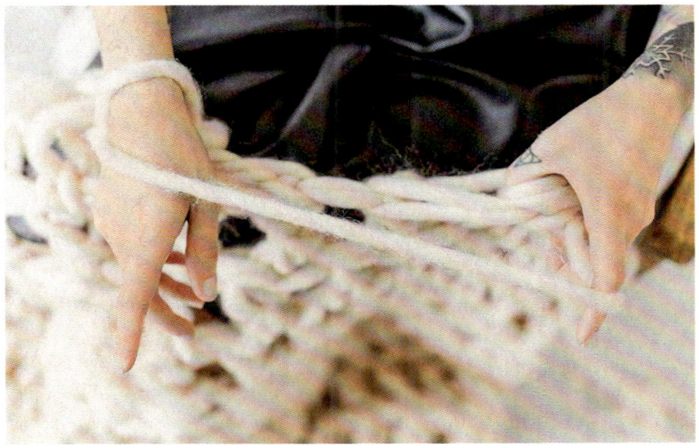
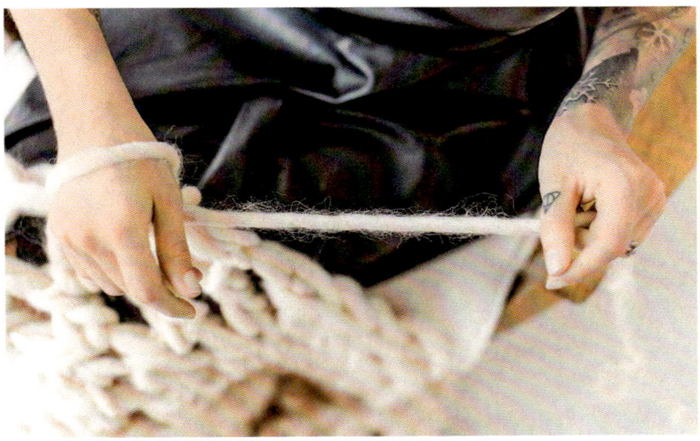
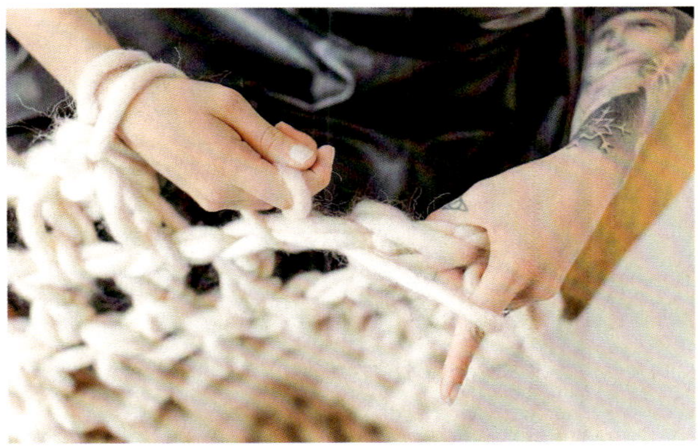
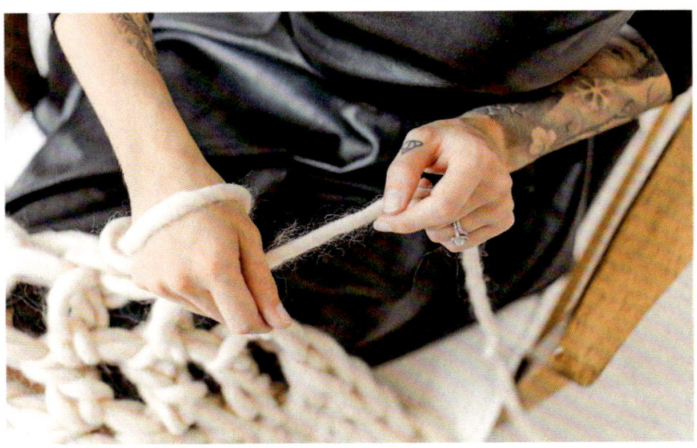

SCHAL „OVERSIZE“

Dieser Schal soll dir als Zeichen der Wertschätzung deiner selbst dienen. Brené Brown, führende Sozialforscherin zu den Themen Verletzlichkeit und Selbstwertgefühl, schreibt in einem ihrer Bücher: „Ja, ich bin unvollkommen und verletzlich und bisweilen auch ängstlich, aber das ändert rein gar nichts daran, dass ich auch mutig bin und liebenswert und dass ich dazugehöre.“ Und dasselbe trifft auf euch zu, meine lieben Leserinnen und Leser.

Im Laufe meines Lebens hatte ich gegen so manche innere (und äußere) Dämonen zu kämpfen und habe oft kein gutes Haar an mir selbst gelassen. Und doch hat das Leben mich gelehrt, dass wir alle es wert sind, geliebt zu werden – lass dir von nichts und niemandem etwas Gegenteiliges einreden!

Mit diesem Schal in Übergröße hüllst du dich in all die Sicherheit und Liebe und Wertschätzung, die du brauchst, um dich den großen und kleinen Prüfungen des Alltags zu stellen, sei es der dichte Berufsverkehr, strapaziöse Langstreckenflüge oder der morgendliche Kampf, bis die Kinder aus dem Haus sind – oder warum trägst du das gute Stück nicht einfach auf einem gemütlichen Spaziergang durch das herbstliche Paris?

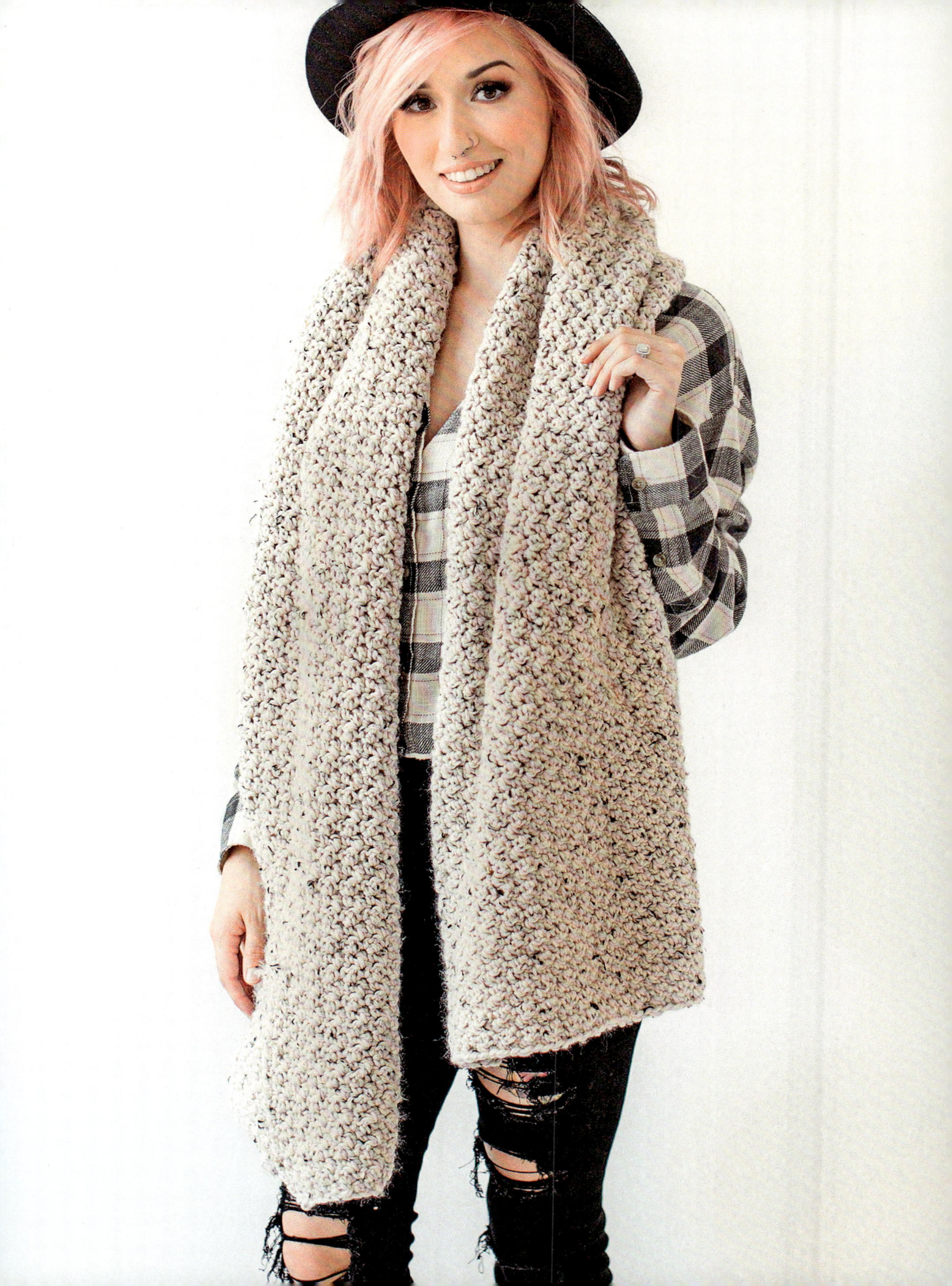

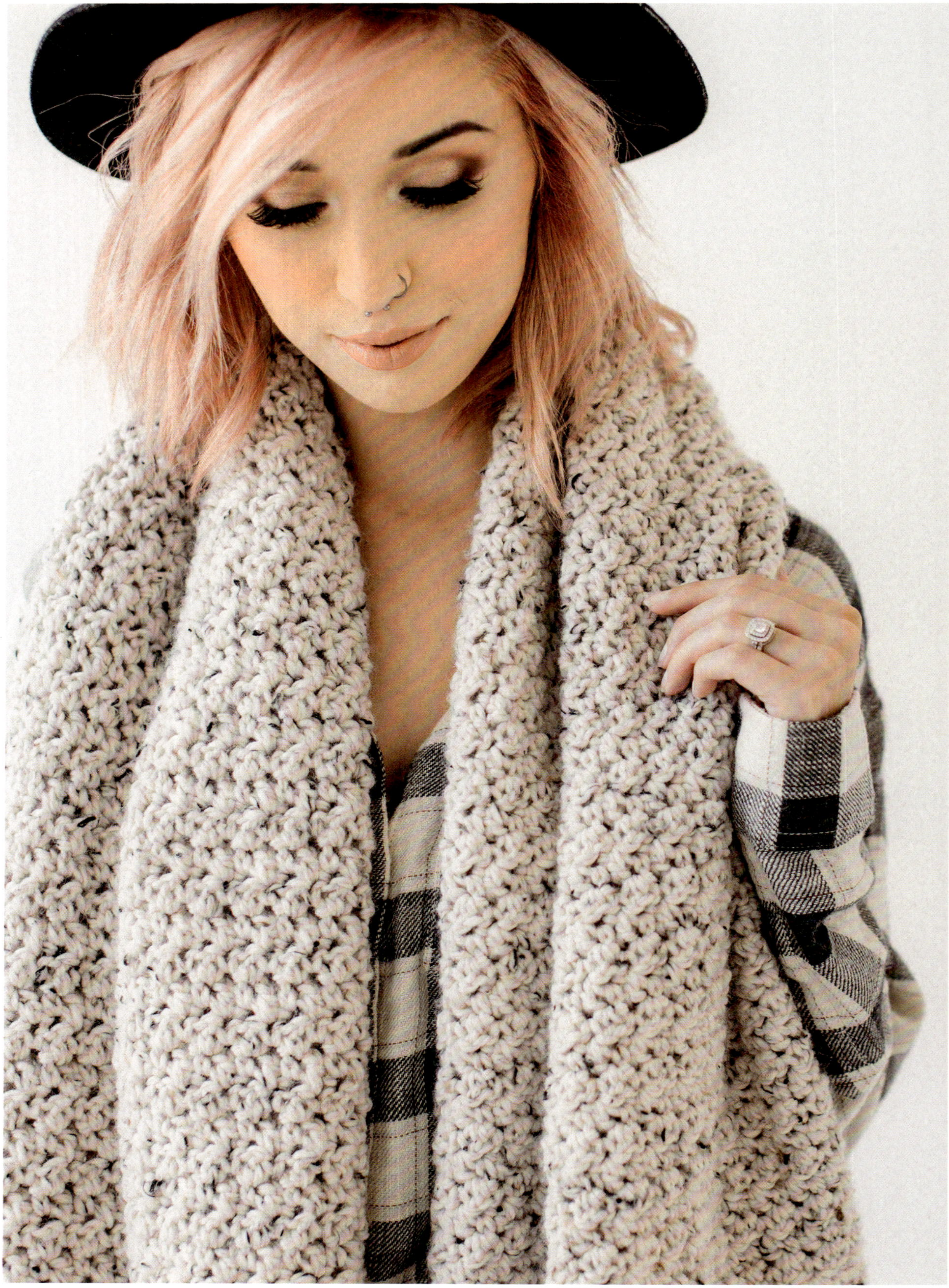

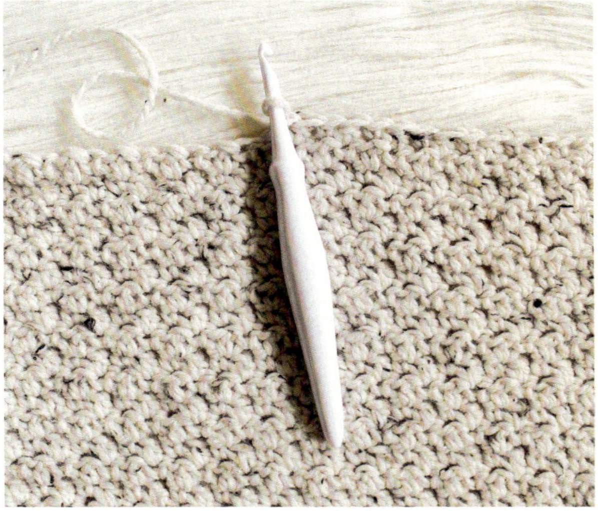

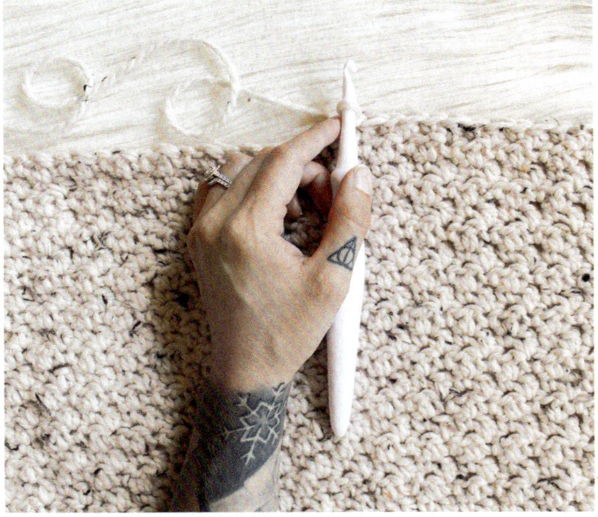

FERTIGE MASSE

60 cm x 165 cm (Breite mal Länge)

GARN

The Hock Nook Yummy Tweed (77 % Acryl/20 % Wolle/3 % Viskose, 100 g): 6 Knäuel Fb 352159 Cookies & Cream; oder Mischgarn mit LL = 85 m / 50 g

NADEL

6,5 mm (US K/10,5)

MASCHENPROBE

11 M und 9 Rh = 10 x 10 cm in hStb

SCHAL

65 LM anschlagen.

Rh 1: fM in 2. LM ab Nadel, Stb, *fM, Stb; ab * wiederholen – 64 M.

Rh 2: 1 LM, wenden, *fM, Stb; ab * wiederholen.

Rh 2 wiederholen, bis das Tuch die gewünschte Länge (165 cm) hat. Faden abschneiden und vernähen.

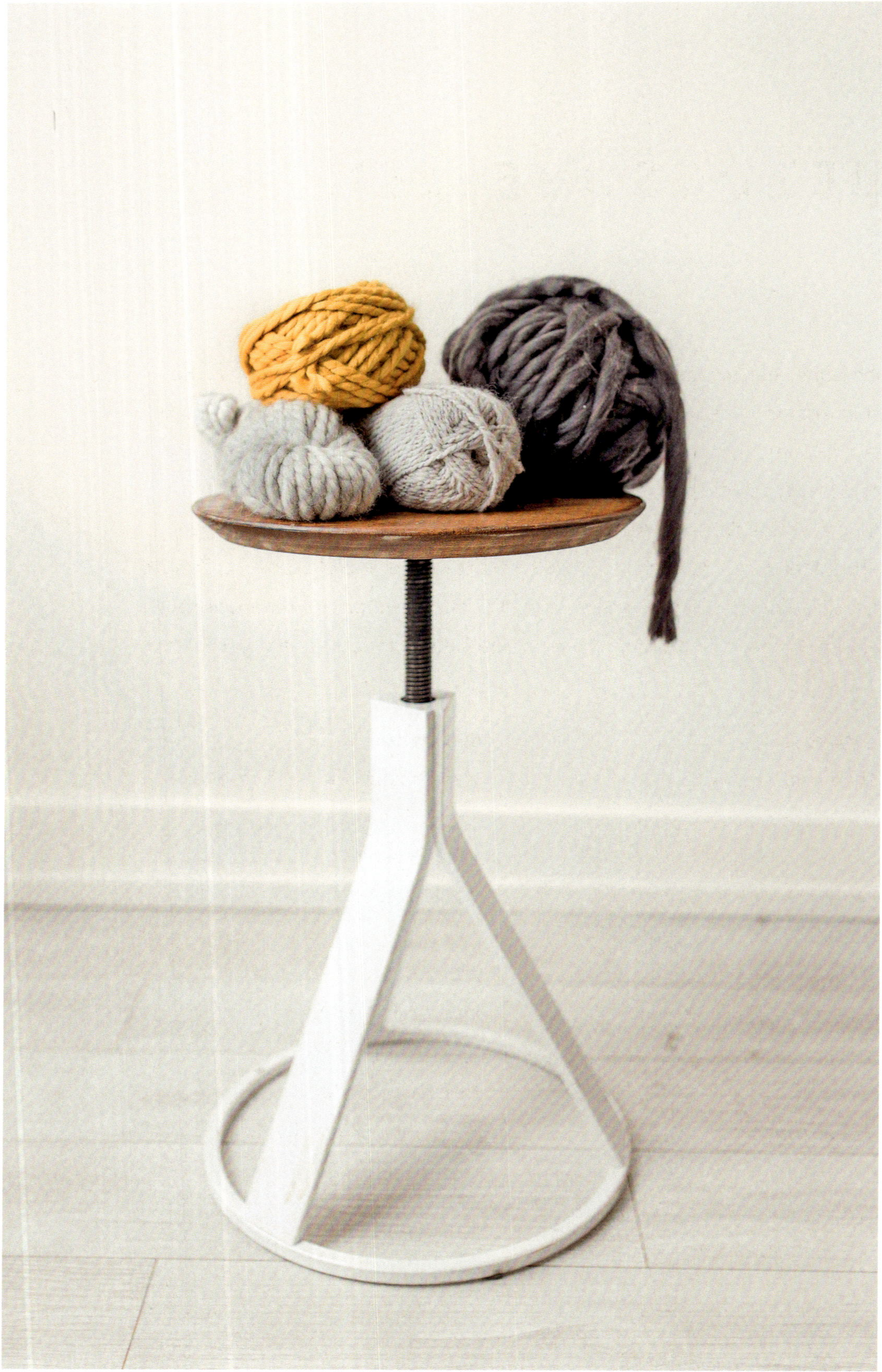

BEZUGSQUELLEN

Ich hoffe sehr, ich konnte dich mit meinem Buch dazu inspirieren, die Häkelkunst als einen Weg der Selbsterfahrung zu erleben. Damit du deine Reise ins Innere fortsetzen kannst, findest du im Folgenden meine bevorzugten Bezugsadressen für Handarbeitszubehör. Und besuche bitte auch meine eigene Seite (www.the hooknooklife.com), wo du neben meinen Produkten hunderte von kostenlosen Mustern und Projektvorlagen findest, die ich selbst und viele weitere Handarbeitsfans aus aller Welt entworfen haben. Immer schön dranbleiben, meine Lieben. Weil ihr alle es wert seid!

JOANN Stores
(Materialsponsor)
www.joann.com

American Crafts
(Hersteller der The Hook Nook-Produkte)
www.americancrafts.com

Love Crafts
www.lovecrafts.com

WeCrochet
www.crochet.com

Buttinette
www.basteln-de.buttinette.com

Lana Grossa
www.filati.cc

ggh Wolle
www.ggh-garn.de

Junghans-Wolle
www.junghanswolle.de

DANKSAGUNG

Allen voran möchte ich meinem Ehemann Aaron Carey danken, weil ich in den letzten zehn Jahren immer auf ihn zählen konnte und er mir regelmäßig Mut gemacht hat, auch was dieses Buchprojekt betrifft. Ich hätte nichts von alledem auf die Reihe bekommen, wäre er nicht für die Kinder da gewesen und hätte mich aufgebaut, wenn ich kurz vor dem Aufgeben war. Ein unglaublich großes Dankeschön geht auch an meine rechte Hand bei The Hook Nook, Jen Evans. Sie sorgt dafür, dass ich den Überblick behalte und auf Spur bleibe. Mehr als irgendjemand sonst hast du an mich und meine Träume geglaubt und geholfen, sie in die Tat umzusetzen, und zwar in einer Art und Weise, wie ich es mir nie hätte vorstellen können. Gott ist gütig und hat mir Menschen an die Seite gestellt, die mir geholfen haben, von tiefen Verletzungen zu genesen, und die mir beigebracht haben, mich nach vielen Jahren des Schmerzes auf andere zu verlassen und meinen Mitmenschen zu vertrauen.

Danke auch meiner Verlegerin, Meredith Clark, dass sie mir die Gelegenheit gegeben hat, eins meiner großen Lebensziele Realität werden zu lassen: selbst ein Buch zu schreiben. Du warst immer geduldig mit mir, freundlich und voller Verständnis, weil ich mich während der Arbeit am Buch unwissentlich immer noch mitten im Heilungsprozess befand. Du hast nie ein Problem darin gesehen, und das ist eins der größten Geschenke, die man bekommen kann – als Mensch gesehen und angenommen zu werden, mit allen Fehlern.

Für Sarah, Emily und Desiree, meine unglaublich talentierten Fotografinnen, die die umwerfenden Aufnahmen für dieses Buch geschossen haben. Danke, dass ihr euch die Zeit genommen habt und mir so gute Freundinnen geworden seid. Wir sollten dankbar sein und es feiern, wenn wir Frauen uns untereinander helfen.

Nicht zuletzt möchte ich jedem Einzelnen danken, der mich in den vergangenen Jahren unterstützt hat, sei es als Follower in den sozialen Medien, durch den Kauf meiner Muster und selbstgehäkelten Produkte oder weil er mit mir zusammengearbeitet, sich mit mir ausgetauscht oder mir einfach aus der Ferne seine Liebe geschickt hat – euch allen habe ich das hier zu verdanken. Ich hätte nicht im Traum daran gedacht, welche Möglichkeiten sich dank der sozialen Medien für mich auftun könnten, und ich hätte es mit meinem eigenen Unternehmen nie so weit gebracht ohne die große Zuwendung und Liebe, die ihr alle mir entgegengebracht habt. Ich hoffe, dass ich etwas davon zurückgeben kann, indem ich euch darin unterstütze, Dinge im Leben zu erreichen, die euch stolz machen, und euch daran erinnere, wie sehr ihr geliebt werdet. Ich möchte, dass ihr wisst, wie besonders ihr seid, denn ihr habt mir gezeigt, wie besonders ich bin.

Das ist erst der Anfang.

Impressum

Originalausgabe unter dem Titel MAKING WITH MEANING erschienen bei:
Harry N. Abrams, Incorporated, New York

Editor: Meredith A. Clark
Designer: Darilyn Lowe Carnes
Production Manager: Kathleen Gaffney

Dieses Werk wurde vermittelt durch die Literarische Agentur Thomas Schlück GmbH, 30161 Hannover.

Für die deutsche Ausgabe:
Produktmanagement: Svenja Wiglinghaus
Übersetzung: Bettina Spangler
Lektorat: Stephanie van der Linden
Korrektorat: Anna Maier
Satz: Florian Geyer
Umschlaggestaltung: Leeloo Molnár
Herstellung: Stephanie Schlemmer
Printed in Slovakia by Neografia

★★★★★

Sind Sie mit diesem Titel zufrieden? Dann würden wir uns über Ihre Weiterempfehlung freuen. Erzählen Sie es im Freundeskreis, berichten Sie Ihrem Buchhändler oder bewerten Sie beim Onlinekauf. Und wenn Sie Kritik, Korrekturen oder Aktualisierungen haben, freuen wir uns über Ihre Nachricht an Christophorus Verlag, Postfach 40 02 09, D-80702 München oder per E-Mail an lektorat@verlagshaus.de.

Unser komplettes Programm finden Sie unter

www.christophorus-verlag.de

Die Deutsche Nationalbibliothek verzeichnet diese Publikation in der Deutschen Nationalbibliografie; detaillierte bibliografische Daten sind im Internet über http://dnb.d-nb.de abrufbar.

Infanteriestraße 11a
80797 München

ISBN 978-3-8410-6624-4

Besuchen Sie uns im Internet:
www.christophorus-verlag.de

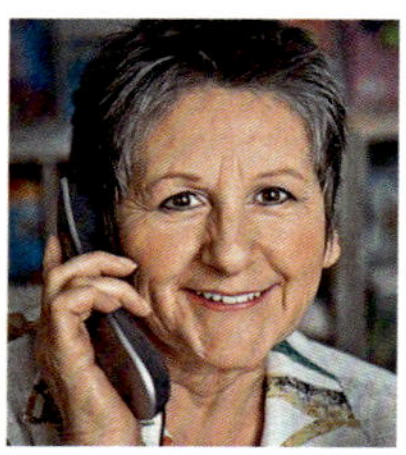

Kreativ-Service

Sie haben Fragen zu den Büchern und Materialien? Frau Erika Noll ist für Sie da und berät Sie rund um alle Kreativthemen. Rufen Sie an! Wir interessieren uns auch für Ihre eigenen Ideen und Anregungen. Sie erreichen Frau Noll per E-Mail: **mail@kreativ-service.info** oder Tel.: **+49 (0) 5052 / 91 18 58**

Besuchen Sie uns im Internet: www.christophorus-verlag.de